# 领导力
## 18项修炼

# 18 DISCIPLINES OF LEADERSHIP

张振学 ◎著

九 州 出 版 社
JIUZHOUPRESS

## 图书在版编目（CIP）数据

领导力 18 项修炼 / 张振学著．-- 北京 ：九州出版社，
2017.8（2024.6 重印）

ISBN 978-7-5108-2806-5

Ⅰ．①领… Ⅱ．①张… Ⅲ．①领导学 Ⅳ．① C933

中国版本图书馆 CIP 数据核字（2017）第 215431 号

## 领导力 18 项修炼

| | | |
|---|---|---|
| 作　　者 | 张振学 著 | |
| 责任编辑 | 沧　桑 | |
| 出版发行 | 九州出版社 | |
| 地　　址 | 北京市西城区阜外大街甲 35 号（100037） | |
| 发行电话 | (010)68992190/3/5/6 | |
| 网　　址 | www.jiuzhoupress.com | |
| 印　　刷 | 三河市宏顺兴印刷有限公司 | |
| 开　　本 | 710 毫米 ×1000 毫米 16 开 | |
| 印　　张 | 16.25 | |
| 字　　数 | 210 千字 | |
| 版　　次 | 2017 年 10 月第 1 版 | |
| 印　　次 | 2024 年 6 月第 5 次印刷 | |
| 书　　号 | ISBN 978-7-5108-2806-5 | |
| 定　　价 | 45.00 元 | |

# 前　言

　　领导能力，简而言之就是指领导者率领部属开展工作、推动工作和完成工作的本领。严格说来，领导能力不单是管人的能力，而是影响人的能力；不单是激励下属的说教能力，更包括感化下属的身教魅力；不是仅仅靠自己行动，而是号召大家一起行动。在不断变化的新的形势下，每位领导者都面临着不断提高领导能力的问题。

　　领导能力是先天生成的还是后天造就的？对这个问题，历来有着异常激烈的争论。有人认为是遗传基因和早年的生活经历注定了一个人能否成为领袖人物，而另外有人却认为是后期的生活经历缔造了领导者。但总的来说，在现代管理学诞生之前，占主流的观点还是前者，人们大多认为，领导者的能力是天赋的，是与生俱来、命中注定的，古希腊哲学家亚里士多德就曾认为，人从出生之日起就已注定他是治人还是治于人的命运。

　　然而，管理学的诞生，对这种传统说法提出了挑战。现代科学管理的鼻祖泰罗强调指出，领导并不是个别天才人物的专利，而是人人都能从事的职务。他在《科学管理原理》一书中指出：“我们将来必然会认识到，我们的领导者是完全可以培养成的，并且就像天生胜任的一样，而且，任何一个伟大人物（在旧的人事管理体制下的）都不能和一批经过适当组织培养而能有效地协作的普通人去竞一日之短长。”对此，美国哈佛大学教授约翰·科特在深入研究了各种来自不同行业、不同企业的成功的总经理之后，进一步颠覆了传统观点。科特的研究发现，尽管总经理的举措、风格、行为模式和生活经历有着极大的差异，但在最本质的方面却存在着极为相似的地方。总体上看，成为优秀领导者所需具备的基本素质要求并无特别之处，大部分人都具备，但能否成为领导者主要还是取决于后天的经历。科特由此追根溯源，探赜索隐，推论出影响领导能力的诸多因素。

根据科特的总结归纳，领导者的基本素质，主要表现在以下四个方面。

（1）超常的雄心壮志：魄力、野心和精力。这种"雄心壮志"或许是成年之前就已经形成的最明显的特点之一，在后天的发育中或被压抑，或被弘扬。领导者必须具有旺盛的内在动力，不满足于现状，渴望发展并获得成功。没有这种内在的驱动力，就不可能让一个人保持上进和追求的精神，就不能全力以赴地投身事业。

（2）超群的胆识智略：拥有某种形式的智力。在重要职位上显示出卓越领导才能的人往往具有某种超乎常人的基本智力。领导者要接收大量不同的信息，分辨真伪，筛选和提取有用、重要的信息，找出信息之间的相互联系，继而判断局势，做出决策。这是一项具有相当难度且相当复杂的工作。同时敢作敢为和当机立断的魄力，也同样来自于智力的支持。缺乏智力支持的魄力，实际上是鲁莽和冲动。如果基本智力不足，领导者就难于在复杂环境中确立正确的方向。

（3）超人的平静心态：精神和心理健康。优秀而卓越的领导者极少有自恋、偏执现象或者高度的不安全感。他们与人进行接触、交流时，会正确看待问题，不会形成曲解和偏执，这是领导者很重要的品质。对部下的信任程度和了解程度，依赖于领导人的心理健康程度。缺少起码的精神和心理健康，在处理人际关系上就很难形成领导行为所需的与他人合作的技能，在处理事务问题上就有可能引起对问题的歪曲和误解，进而可能使确立的远景目标存在缺陷和偏差。

（4）超群的品格力量：正直、诚信和大度。正直、诚信和大度是领导者取信于人，并让别人服从于他的重要因素。如果人们认为某个人缺乏正直、诚信和大度，多数人就会对他产生排斥心理，不会听从他的指挥，至少不会长期服从他。才能非凡但缺乏正直感的人，即使确定了自己的奋斗方向，甚至能够取得一定的成就，人们也不会心甘情愿地追随他。因为缺少正直，就有可能为达目的而不择手段，会使领导行为走上邪路。

不正直、不诚信、不大度的直接表现，就是不顾及支持者的合法要求和合理期待。

科特认为，以上四种品质是对重要领导职位的基本要求。在这四种品质中，成功的领导人只需具备一定水平即可，其中任何一方面更突出也并不意味着其领导能力更强，即使每种品质都双倍于他人也未必能更好地发挥领导才能。但相反，缺少了某一品质或者某一品质未能达到最基本的水平，就会大大削弱其领导效果。同时，科特认为，虽然这四种品质平常而普通，却很少有人能够高水准地同时具备。世界上没有完美无缺的人，有雄心的人不见得聪明，聪明人却往往有某种心理疾病，而心理健康的人却有可能缺乏激励他人的能力，正直的人则很有可能智力平平常常。所以，对于一般的领导者，不要求他各方面都非常优秀，只要求他不存在品质上的重大缺陷就行了。

除了上述四种必备的基本品质外，科特认为对领导者有重大影响的是成年后的事业经历和所在单位的企业文化。要做优秀的领导者，仅有干劲、智力、正直和健康的心理是远远不够的，还必须经历长年累月的磨炼和经验积累，才能处变不惊地立于风口浪尖之上。人们在成年之后，会随着经历的不同而产生重大改变，某次具体的经历可能影响不大，但一二十年的经历积累起来，影响就极为显著，在危难时刻尤其会有明显的表现。

领导能力不是领导权力。权力是一种组织形式，而能力则是一种心理效应；权力是一定组织赋予的外在力量，而能力则是领导者自我修养而形成的内在品质；权力只是领导力量的暂时行为，而能力则是领导力量的长远保证。因此，作为领导者，要想很好地担负起团队的领导责任，就必须努力提高自己的领导能力。

# 目　录

## 一、组织能力修炼

组织能力是指领导者正确运用手中权力，按照一定的计划和目的，把分散于不同时空序列中的人、财、物等各种社会资源有机组织到一起、并实现协调运作的能力。组织能力是领导者不可缺少的重要领导能力之一。

# 二、决策能力修炼

决策是领导活动中对重大事件作出的择优甄选和决断，领导决策能力是依据决策原理、遵循决策程序和运用决策方法进行的科学拍板能力。未来企业或事业的竞争焦点其实就是领导者决策能力的较量。

# 三、用人能力修炼

选人用人能力，是领导能力中最重要的组成部分。下属的积极性能否很好地发挥出来，是衡量一个组织有无生机和活力的根本标准，而能否合理地选拔和使用下属，也是判断一名领导者水平高低的重要尺度。

# 四、管人能力修炼

    管好下属，带好队伍，是领导者的重要职责之一。人是生产力中最活跃的因素。领导者的主要管理活动更多地体现在管理下属上，也就是管人工作上。管好了人也就管好了团队，也就管好了企业。

# 五、说服能力修炼

　　当下属对某些事情看法不一致的时候，领导者为推动工作的进展，就必须对下属做好说服工作，从而达到统一思想和统一组织目标的目的，所以，说服能力是领导者提高组织效率和统一组织意志不可或缺的能力之一。

# 六、激励能力修炼

领导者要充分了解员工的意愿、情绪，掌握尺度，把握时机，做到因人而异、因事而异、因时而异地激发员工的工作潜能。只有这样，才能保证激励措施更富有激浊扬清、奖勤罚懒、催人上进的作用。

# 七、凝聚能力修炼

团队凝聚力不仅是维持团队存在的必要条件，而且对团队潜能的发挥具有非常重要的淬火作用。一个团队如果失去了凝聚力，就不可能完成组织赋予的任务，团队本身也就失去了存在的条件。

# 八、沟通能力修炼

组织工作的开展在很大程度上要通过从上到下的纵向沟通和从左到右的横向沟通进行。沟通不但可以使不同的见解达到统一，而且还能化解矛盾，理顺关系，推动组织链条各个环节实现良性运转。

# 九、协调能力修炼

　　协调就是使组织机制运转和谐一致，配合得当。领导者是一个组织或一个部门的核心，更应该重视协调能力的培养，并利用组织协调推动整个团队的良性运转和组织目标的顺利实现。

# 十、创新能力修炼

领导者要想把团队一步步带到更高的目标，就必须让创新思维注入自己的大脑并运用于管理活动中。领导者只要开动脑筋，就能不断开创新思路，巧妙地完成各项工作。

# 十一、执行能力修炼

领导者的执行能力就是带领团队按质按量不折不扣地完成工作任务的综合实战能力。我们经常强调员工执行力的重要性，常常忽略领导执行力的培养。殊不知，领导者的执行力，在整个组织结构中起着非常关键的作用。

# 十二、运权能力修炼

权力运用得当，能使下属心甘情愿地服从并愿意追随于你。权力运用不当，会成为一种负担，成为一种压力。所以领导者要善用权力，努力提高自己的运权能力和水平。

# 十三、统筹能力修炼

统筹能力是指为了实现特定目标，全面布局，有效协调和整合各种组织要素，以使整个组织实现良好的资源配置和高效运行的能力。领导者面对上面一根针下面千条线的工作状况，必须利用统筹力来统领全局和协调整个组织的各项工作。

# 十四、演讲能力修炼

成功的领导者大多是成功的演讲家。一次高水平的施政演说，能使万民拥戴；一篇有号召力的战前演讲，能使军威大振。演讲能力是检验领导者基本素质的重要标准之一。

# 十五、当众讲话能力修炼

当众讲话也称为即席发言、即兴发言，是指在没有充分准备的情况下，由他人提议或自认为有必要而当众临场发表的讲话或交流活动。当众即席讲话是领导者的一项基本能力修炼。

# 十六、影响能力修炼

领导者的影响能力，全凭其人格魅力、品性、声望等个人素质的综合作用，而对特定个人或群体产生的影响深度、广度和力度，籍此实现感化、鼓舞和领导下属的目的。

16.3.7 关心下属

# 十七、处理危机能力修炼

任何一个组织的领导者都处于各种危机事件的包围之中，特别是在当前社会不断发展变化、各种矛盾日益突出的环境中，如果处理不当，可能会酿成严重后果。所以，妥善预防和正确处理危机的能力是领导者不可或缺的重要能力之一。

# 十八、 控制全局能力修炼

对全局的控制既是一种领导行为，又是一种领导艺术。领导者控制全局的能力直接关系着领导活动的成败。领导者必须掌握控制全局的原则和程序，以及应采取的方式和手段等，从而保证整个组织链条的运转时时掌控在自己手中。

# 一、组织能力修炼

组织能力是指领导者正确运用手中权力，按照一定的计划和目的，把分散于不同时空序列中的人、财、物等各种社会资源有机组织到一起、并实现协调运作的能力。组织能力是领导者不可缺少的重要领导能力之一。

leadership

## 1.1 组织能力的分解与合成

组织能力包括协调组织关系的能力，合理调动、利用、配置和开发各种资源的能力，推动和促进整个组织朝着既定目标高效运转的能力。

领导者要发挥自己的领导作用，不能只靠领导者个人的力量，还要充分调动组织的作用。在一个团队中，我们会发现有些人的领导组织能力特别强，身边总有很多人围着他转，喜欢服从他的安排，愿意听从他的指挥，这种人在工作中一跃而成为领导的机会很大。这是因为一个有组织才能的领导者会给团队带来成功希望，人们自然会对其产生一种敬佩感和向心力。领导的一般职能包括引导、指挥、组织、控制、监督、协调，其中组织管理能力尤显重要，它是指为了有效地实现组织目标，灵活地运用各种方法，把各种力量合理地协调起来并加以整体运作的能力。

### 1.1.1 总揽全局的能力

领导者的组织能力是一种综合能力。品德、知识、才能是构成领导者组织能力的重要因素。领导者在考虑问题、做出决策时必须从本单位全局出发。总揽全局就是眼观天下，胸怀全局。领导者应具有广阔的视野，能够统筹全局，善于掌握和驾驭全局的发展规律。

总揽全局就是在谋划、决策、管理时高屋建瓴，既能从事业和工作的大局出发，又能结合自己单位的具体实际。

总揽全局就是能把本单位事物的各个方面联系起来，从各种联系中把握事物本质，形成整体性的决策，保证整个领导活动有序地进行。

### 1.1.2 组建团队的能力

团队组建指的是聚集具有不同需要、背景和专业知识的个人，把他们变成一个整体或有效的工作单元的过程，并通过带领和调动团队的力量去完成组织的终极目标。

（1）设计、建立和维持合理的组织结构，制定和执行一套必要的规章制度，把各方面的成员组织起来，发挥组织管理的职能。

（2）制定出适合本地区、本部门和本企业的正确决策。决策是工作的指导方针，正确的决策决定组织的发展方向和前景。

（3）保证决策目标的实现。实施和执行决策的过程中，需要领导者随时注意检查、监督、控制、反馈，不断完善决策方案，排除一切干扰，带领团队成员抵达最终目标。

### 1.1.3 沟通协调的能力

沟通协调是指领导者运用自己的权力、威信以及各种方法、技巧，将领导活动中涉及的各种资源、各种关系、各种层次、各个环节、各个因素全面整合起来，使大家行动一致，步调一致，形成组织合力，达成组织目标，取得组织绩效。从某种意义上来讲，领导者善于沟通协调于否，会使同样的领导权力产生不同的组织效益。可以说，沟通协调已经成为领导者维系整个组织得以正常运转的重要纽带。

沟通是达到协调管理和实现组织高效运转的工具、桥梁、方法和手段，是人和人之间传达思想、交流信息的过程。一个人通过沟通来获得他人的思想、感情、见解和价值观。人们通过这种思想的桥梁，可以分享感情和知识，达到增进了解、消除误会和达成共识的目的。所以，一切协调工作都必须通过沟通来实现。

### 1.1.4 扬长避短的能力

领导者个人的能力非常重要，但个人的能力是有限的，领导者应具备扬长避短的人事组织能力，注意发挥领导集团的智能。

人的天赋、实践地位的不同和人的一生精力、时间的限制，造成了人皆有所长，亦皆有所短；有其所能，亦有所不能。领导者要多看各人的长处、优势，看每个成员能干什么，在分工授权时从各人的长处考虑，巧妙地调节领导集团中性格不同、志趣不同、风格各异、思路不一的状况，以达到相互弥补、协调一致，形成合力，从而保证领导集团的智力劳动得到高水平发挥。

### 1.1.5 果断指挥的能力

果断指挥的能力是领导者在组织指挥中体现出来的一种随机决断能力。主要体现在：

（1）及时制定阶段性计划。要求领导者能根据总的决策目标尽快提出切实可行的阶段性方案。

（2）有效地组织下属实施决策。领导者能够根据工作任务的要求和下属不同特长，分派任务，布置工作，最大限度地调动下属的积极性，发挥整体效能。

（3）随机解决问题。领导者不仅能随时解决决策过程中出现的各种问题，而且能够追踪原来的决策目标进行不断调整和修改，这要求领导者必须具有随机决断的能力。

## 1.2 提高组织能力的根本途径

北京大学著名国学大师季羡林教授告诫我们：作为新世纪的精英，一定要有意识地培养自己的组织能力。具体来说，应从以下几个方面进行培养及训练。

### 1.2.1 倾听整合别人的意见

在领导者的必备条件中，最迫切需要的是良好的倾听能力及善于整合所有成员的意见。即使工作能力不是很出色，或拙于言辞，但若能当一个好听众，并整理、综合众人的意见而制定目标，就算是一个优秀的组织领导人才。领导者不能自己闭门造车，而要不厌其烦地倾听别人的意见。善于倾听的领导者容易使人产生亲切感而更敢于亲近。因此，领导者必须谦虚，并且要有学习的态度，如此才能成为一位好听众。相反，自我表现欲过强者常令人敬而远之。自己有说话的权利，更有听别人说话的风度，这才是民主的最高表现。

如果领导者在与人谈论时，能设身处地耐心听人倾诉，并不在意谈话时间的长短，这种领导必能得到众人的信服。因此，做一个好听众是成为领导者相当重要的条件。

能设身处地为别人着想者，便能做到换位思考，因此能让人有体贴关怀的感受。

善于整合大家的意见，就是尽量综合所有成员的意向及想法，再经过分析整理，得出最具有代表性的结论。对于看似互相对立或矛盾的意见，领导者须有能力找出两者的共同之处，掌握互相对立的想法的中心思想，创造第三个想法。能辩证地整合、倾听下属成员意见的领导者，必是一位优秀的领导者。即使开头不能做得很好，只要领导以此为努力的方向，终必能成为出色的领导者。

### 1.2.2 清楚阐明自己的观念

人类的思考方式，往往是以语言为传播媒介的，这种方式实在值得商榷。所谓思考，也就是在脑海中"自问自答"，是对话的内在化。而贤问贤答，愚问愚答，是当然的事。发问和回答的技巧是相当重要的一环。

领导组织者运用难懂、抽象化的文字，就会让员工摸不着头绪，不知其所以然；说矫揉造作的语言，员工对他必然敬而远之。即使是语言学家，为了使大家明了其理论，也必须从抽象的语言中走出来，将其观念具体化。

常人往往在不自觉中陷于语言的形式，结果只知语言而不知其具体的意义，这种现象称为固定观念，也就是先入为主。在打破固定观念之前，好的创意便无法显现。人类运用语言思考，往往把它抽象化，以求掌握自然的法则，这很容易拘泥于固定观念。因此，必须注意观念的具体化，尽量使语言和事实趋于统一，才能够真正解决疑难问题。

要做到观念具体化，必须付出相当的努力。人往往被语言所蒙骗，以为已经明白其中的意义。为了证实自己真正了解的程度，可以用"为什么""譬如"等概念来自我检讨。"为什么"是真理的探求与创造的最强大武器，"譬如"则是对实践的理解。也就是说，领导者必须把知道的理论知识、经验教训灵活地付诸实践，方能取得应有成效。

使观念具体化，让思想语言与事实更为接近，是不容忽略的大事。

### 1.2.3 赢得别人衷心的支持

领导者即组织代表人，代表人的工作肩负着所有成员的共同意见，为成员争取利益，并与组织外的人交涉谈判。因此，领导者的交涉力、说服力的优异与否就成为成员对领导者信赖及支持的关键因素。领导者代表组织对外、对上、对有关人士不卑不亢地说该说的话，争取该争取的利益，这种交涉能力就能得到成员的绝对支持与信赖。若交涉不成功时，领导者不但要自咎其责，还应承担所有失败的责任。这种不逃避、不推卸的勇气与风范，将会令所有成员折服，自然产生支持及信赖的感情。

反之，若领导者每次交涉都失败，并不断地推卸失败的责任，将使成员离心离德，产生拒绝合作的倦怠感。或者说，领导者一旦交涉成功，即理直气壮地独占功劳，也会引起成员的反感与排斥。

总之，不论是多么小的单位，身为领导者都必须有领导者的意识力，诚心诚意地努力，尽量为成员谋求福利，自然会使成员由衷感动，从而赢得支持与信赖。

### 1.2.4 在团队和效率上下功夫

要考察一个领导者的组织能力，就得首先看他现有的和潜在的工作效率。一般讲，领导者的组织能力主要是在团队和效率上下功夫，这就需要具备以下几点。

（1）清晰的目标

领导者应当对所要达到的目标有清楚的了解，并坚信这个目标的意义和价值。同时，这种目标的重要性还激励成员将个人目标融合在团队的目标内。

在高效的团队中，成员愿意为团队目标做出承诺，清楚地了解自己的工作，以及怎样共同工作，最后完成任务。领导者应当有组合团队目标的能力，形成一个共同的突破点。

（2）相关的技能

高效的团队是由一群有能力的成员组成的，他们具有实现理想目标所必需的技术与能力，而且相互之间有良好合作的个性特征，从而出色完成任务。

后者更加重要，也就是所谓的"团队精神"。但十分遗憾的是，这一点常被一些领导者忽略。

（3）相互的信任

成员之间相互信任是有效团队的显著特征，也就是说，每一个成员对其他人的品行和能力都确信不疑。

我们在日常的人际关系中都深有体会，信任这种东西是十分脆弱的，它需要大量的时间和精力去培养，但却很容易遭到破坏。只有信任他人才能换来他人的信任。

一个领导者，其行为对形成相互信任的团队有很大的影响。

（4）一致的承诺

领导者应当注意：高效的团队成员会对团队表现出高度的忠诚，为了使团队获得成功，他们愿意付出代价。我们把这种忠诚和奉献称为"一致的承诺"。

对成功团队的研究发现，团队成员对自己的群体有强烈的认同感，并把属于特定团队作为自我的一个重要方面。

（5）良好的沟通

毋庸置疑，这是高效团队的一个必不可少的特点。团队成员通过畅通的渠道交流信息。此外，领导者与团队成员之间的交流也是重要的特征，这有助于领导者指导团队的行为，消除误会。

（6）一定的谈话技能

高效团队的成员通常并没有固定的工作角色，总是根据不同的情形进行调整，这就需要领导者具有一定的谈话技能，让成员乐意接受调整。

（7）正确的领导

高效的领导者能够让团队跟随自己渡过最困难的时期，因为他能够为团队指明前进的方向；同时鼓舞成员的自信心，帮助他们更充分地理解自己的潜力。

优秀的领导者不一定非得直接指示和控制团队，高效团队的领导者往往是教练和后盾的角色，他们对团队提供指导和支持，并不试图去控制它。

（8）内部和外部的支持

领导者必须明白，要想成为高效的团队，最后一个条件就是必须有一个支持环境。

从内部来看，团队应该有一个合理的结构，包括领导者给予适当的培训，一套容易理解和实施的成员业绩评估系统；从外部来看，领导者必须给予团队完成任务所需要的各种资源。

### 1.2.5 组建一个目标团队

领导者的组织能力落实到人的因素上，即能把大家组建成一个有共同目标的"登山队"，指引大家互相携手，共同攀登，早日到达渴望的顶点。

必须指出的是，领导者在进行工作编组的时候，一定要注意，每个人只能接受一个人的号令，如果一个人同时需接受两个上司的不同命令的话，那么这种编组的方法就是不当的，很可能给工作开展造成损害。

此外，领导者在团队中可以采用梯级式管理。以登山作比，登山需要有强健的体魄，真正的登山活动一般都在夜里出发，不眠不休地到达山腰，然后在拂晓之前一鼓作气登上山顶，从而体会那种征服的感觉。

其实团队中的每一个成员都像是登山者，他们干自己分内的事，喜欢主宰自己掌管的一切，因为这种征服的成就感实在是太美了。

任何领导者都必须知晓：

（1）团队成员愿意靠自己的意思来执行，能按自己的意愿规划实施工作计划，无疑证明了自己的价值是相当具有吸引力的。同时，能有机会发挥显示自己的实力，无疑也为今后的提升积累了资本，而从中获得的充实感和成就感也是其魅力所在。

（2）以现有的事业为基础，向更广阔的前景发展是所有团队成员的愿望，在探索、开拓过程中，每进一步都意味着成绩的取得，因而情绪会一直处于兴奋状态。

因此，从某种理想化的意义上来讲，你的团队成员更像是一个个具有旺盛斗志的登山者，而领导者就应当正确地引导他们的攀登方式和攀登方向。

领导者在向团队成员分配任务时，只需从大面上把握，告诉他们你的期望与需求，仅此而已，具体的内容不必过于苛求。领导者只需为下属设定大的框架，具体实施就放手让下属去做，下属肯定会乐此不疲。别忘了，下属最大的愿望就是自己规划，发挥全力，开拓空间，有自己的一片天空。

作为领导者，此时更像是一个战略战术的设计者，让团队按着你事先设计好的战略路线与方向，一步一个台阶地向前发展，完成你的组织目标。

### 1.2.6 掌握巧妙有效的组织方法

一个聪明的领导者要使其团队具有凝聚力，使下属以自己是团队中的一员而自豪，可以依照下列六个方法来提高自己的组织能力。

（1）给予下属全体合一的认同感

不论是在会议场合，还是指派办事的时候，要在言辞中强调"我们""我们这个部门"或者"我们这个团队"，如此，才能使得下属觉得领导与他们同在一条阵线上。如果一味地讲"你如何……"或"我怎样……"，下属的心目中便会觉得工作团队不甚重要，对工作也会显得满不在乎。

（2）建立团队的传统

领导者在适当的场合偶尔可以把过去一些好玩、特殊而刺激的事件，不露痕迹地向下属叙述或娓娓道来；另一方面每当下属生日或其他值得祝贺的事件发生时，管理者应该主动安排庆祝会，日子一久，团队的历史逐渐形成，有了历史，工作团队对下属的吸引力自然会增加。

（3）强调团队工作的重要性

领导者应该以身作则地表示"只要我们赢了，谁居功都无所谓"的观念，换句话说，领导者时时刻刻要关心这个工作团队是否能达到目标，而不必担心谁出风头谁居功的问题，如此，大家都会全力以赴。

（4）适当对优良的下属行为给予认可褒奖

领导者必须注意揣摩下属的心理，观察下属的表现，随时给予协助、认可、鼓励与赞扬，明确地向下属说明他对团队的重要性。如果有哪一位下属赞美同仁的表现，那么也应该褒奖这一位下属的建设性行为。久而久之，这个工作团队的气氛就会显得和谐而融洽。

（5）设立清楚而容易达到的团队目标

在建立单位的长期目标蓝图后，应该摘要其大纲转述于下属，但是更应该在这项长期计划的参考架构内，制定一些短期而明确的目标，这些短期的目标应该让人一目了然，而且具体可行。如果目标过于笼统而高不可攀，则下属的斗志容易丧失。

（6）实施团队激励的措施

除了个人奖金的制度以外，还应该配合团队激励的政策设定一套奖赏的办法。此外，单位得到特殊的奖励，也应该与下属共享成果。

# 二、决策能力修炼

　　决策是领导活动中对重大事件做出的择优甄选和决断，领导决策能力是依据决策原理、遵循决策程序和运用决策方法进行的科学拍板能力。未来企业或事业的竞争焦点其实就是领导者决策能力的较量。

leadership

## 2.1 领导决策的原则

决策在整个领导过程中是最关键的一环。这一环不慎，就会导致满盘皆输，前功尽弃。那么，领导者在决策时应当注意哪些问题呢？

### 2.1.1 决策应有备选方案

所谓决策就是从各种可供选择的方案中权衡利弊，然后选取其一，或综合成一。也就是说，决策的过程，实际上是方案选优的过程。有比较才能有鉴别，而进行比较，则必须有两个以上的方案备选。如果只有一个方案，就无法比较择优，也就难以权衡利弊优劣，片面性和失误就很难避免。因此，领导者在决断时，首先要看是否有两个以上方案可供选择。如果有，决断才能开始；如果只有一个方案，就不能轻易决策，这应是领导决策的一条重要原则。

### 2.1.2 忌非科学因素干扰

领导者在决策过程中必须持严谨科学的态度，尽力排除非科学因素的干扰。这种干扰主要来自两个方面，一种是领导者自身的心理因素。比如有的领导者对取得多大的效益反应较迟钝，而对可能造成的损失则比较敏感，这种不求大利、怕担风险的心理，就容易导致在决断时把风险较大而效益也较大的方案否决掉；有的领导者对效益反应敏感，而对损失反应迟钝，他就会对效益高、风险大的方案特别注意，而对某些慎重的意见不大留心。当然，这并不是说领导者必须对效益和损失平等对待，而是说要有自知之明，防止以自己的兴趣和好恶去评价方案。第二种因素来自某些外在的压力。比如，多数人的意见较易被采纳，少数人的意见则较易被否决；对来自专家、权威的方案容易接受，对来自自己人或"无名之辈"的方案则容易轻视；对上级表过态的方案往往举手通过，没有"后台"或"来头"的方案常常被冷落等等。这些情况都是不正常的。

　　方案选优不能以人数多少、是不是权威、有没有"后台"为标准，而应当从实际情况出发，以科学为准绳，对各种方案不怀偏见，一视同仁，放在平等的地位上进行分析。有的领导者在进行决策时，总是考虑决策方案如何才能使上级和多数人接受，总是担心方案是否会引起他人的反对。为了顺利通过，有时宁可牺牲方案的科学性，进行折中或妥协，这就很难做出合乎实际的正确决定。

### 2.1.3 坚持标准多元优化

　　领导者在决断时，要从决策目标的总体要求出发，综合评价方案的优劣，争取实现多元标准优化。如果一个方案不仅从某一标准看是优化的，而且与其他标准也不抵触，就可以认为该方案是优化的；如果一个方案达不到多标准中的任何一个，这个方案就该被否定；如果没有一个符合一切标准的方案，那么就选择那种能满足某些主要标准的方案，不必过分求全。

### 2.1.4 善于协调各种矛盾

　　在一项重要决策中，往往存在许多种矛盾。如何使这些矛盾得到统一、平衡和协调，检验着领导者是否具有处理复杂问题的能力。如科学技术上可行，不等于经济上可行；经济上可行，不等于政策上可行；生产上可行，不等于流通上可行等等。领导者在决策时，既要注意物的因素，更要重视人的因素；在衡量决策所要达到的结果时，既要考虑经济效益，又要关心社会效益；在处理系统内外的利害关系时，既要关心局部利益，又要照顾到全局和整体利益；在权衡方案的有效性时，既要顾及当前利益，又不能忽视长远利益。

### 2.1.5 采取多种类型决策

　　决策按其所处条件不同分为若干类型。领导者在审定方案、做最后决断时，应有不同的考虑原则和注意重点，把注意力放在关键问题上。例如，对于确定型决策，既然结果比较有把握，那么决策就应选择最佳方案，并竭尽全力去争取实现最佳的结果。对于风险型决策，领导者应着重于依据已知条件与可能结果的概率，选择最有希望的方案行动，同时准备必要的应变对策，以防不测。也就是说，要留有余地，要有保险手段，不可孤注一掷。对于不确定型决策，则应当"摸着石头过河"，不要过于自信，不可轻率莽撞，最好进行多方案试点，多积累一些经验。

### 2.1.6 善于听取多方意见

在方案抉择和优化时，在专家之间、不同部门之间，对某一方案常常会有不同的看法，有时甚至形成尖锐的意见对立。这种对立对于领导者决断是完全必要的，因为任何一项好的决策，都不是从"众口一词"中得来的，而是以互相冲突的意见为基础，从不同观点和不同判断的选择中产生的。因此，领导者决断不应当采取封闭的形式，而应当敞开大门，广泛搜集各种意见。这就能够激发领导者的想象力和创造力，开阔视野，深化思路，促使各个方案的利弊得以显现，从而扬长避短，进一步优化方案。美国通用汽车公司总经理斯隆，有一次主持高层经理人员会议讨论某项决策，大家的看法完全一致。但他却出乎意料地宣布说："现在休会，这个问题延期到我们能听到不同意见时再开会决策。这样，我们也许能得到对这项决策的真正了解。"斯隆的这种决策艺术，确实是发人深省的高明之举。另外，不同意见的讨论，也是统一决策认识的过程，这样一旦决策形成，可以减少实施方案的阻力，大家能够同心同德地贯彻执行，发挥人们的主动性和积极性。同时，这种讨论还能提高决策的可靠性，当以后实践证明决策有错误时，原来的反对意见就可能成为一个现成的补救方案，免得临渴掘井，束手无措。总之，没有不同意见，就不能进行决策。一个高明的领导者在决断时，都要想方设法组织讨论甚至辩论，使各种意见得到充分的表达，然后把正确的意见集中起来，做出合理的决策。

## 2.2 领导决策的方法

日本管理专家松下幸之助说："在事业经营上，决策是很重要的一件事。要做一件事，首先要决策，然后才去推行。更何况在一个组织中，一个团队里，大家都是根据负责人所做的决策去推行，因此，决策就成为一项重要事情的关键。"面对来自全球的竞争和挑战，考验领导成败的关键是能否做正确的事情，也就是必须做正确的决策。外面的环境险象环生，市场的机会云谲波诡，决策关键是领导者的魄力、胆识和判断能力。那么，领导者怎样决策才算科学高效呢？

### 2.2.1 集思广益，民主决策法

领导者进行决策是严肃认真、科学严谨而又极其复杂的事情。因此，领导者在决策时必须善于发扬民主，坚持走"从群众中来，到群众中去"的路线。在决策过程中，要广泛而深入地搜集群众的意见，提倡"百家争鸣"，集思广益，然后在此基础上进行决策。开"诸葛亮会"的办法就是一种好形式，它能够使领导者听到各种不同的意见，使"三个臭皮匠"起到"一个诸葛亮"的作用。领导者从他们所提出的多种方案中受到启发，博采众长，从而使决策方案趋于完善。这种方法还可以起到为决策统一认识的作用。经过大家认可的东西，一旦拍了板，上下左右就可以同心同德地去实施。这里所说的各方面的意见不只是领导者和群众的意见，还应包括各方面专家和技术人员的意见。领导者作决策，充分听取这些人的意见，就会减少决策失误。

### 2.2.2 权衡利弊，比较决策法

决策方案的优劣，只有通过比较才能鉴别。一项决策有几个方案，到底哪个方案更合理、更科学，必须进行比较，通过比较，才能产生最佳方案。对于利害相近的方案，更需要采取比较权衡的办法，从中挑选出相对来说利大弊小的方案。俗话说："不怕不识货，就怕货比货。"通过比较，各种方案的利弊、优劣自然就清楚了。

### 2.2.3 沙里淘金，筛选决策法

在讨论决策方案时，大家七嘴八舌，众说纷纭，仁者见仁，智者见智。这就要看领导的分析、判断、综合能力了。有的意见总的看起来是可行的，但其中也可能有不可行的成分；有的意见看起来是不合理的，但也可能包含一些可取之处。这就要求领导者客观冷静地进行分析鉴别，去粗取精，

去伪存真，经过不断筛选，沙里淘金，把各种好的意见集中起来，做出正确的决策。

### 2.2.4 摸石过河，试点决策法

对一些关系到全局命脉的重大问题，几经研究讨论仍然拿不准，或基本上看准了，但由于缺乏经验，感到没有把握的，就不要急于决策或实施，在时间、条件允许的情况下，可以边试验边决策，摸着石头过河。通常做法是先进行试点，通过试点，掌握第一手材料，取得必要的经验，在此基础上再进行决策，然后实施推广。这样，成功的把握较大。此外，试点所提供的第一手宝贵资料，也为进行正确决策准备了条件。

### 2.2.5 快刀斩乱麻，应变决策法

在正常情况下，决策应按正常程序进行，做好预测、论证和试点，使成功的把握更大、成果更辉煌。但是，由于社会政治、经济活动的复杂性和多变性，常常会发生一些突如其来的事情，要求马上做出决策。这时，领导者稍一迟缓，优柔寡断，就容易贻误时机，造成损失。在这种情况下，就不能按部就班、四平八稳地进行论证和试点了。这就要求领导者在有限的时间内，发挥自己的应变能力，根据尽可能搜集到的有限信息和领导者自己的判断，立即做出反应，果断地做出决策，并迅速付诸实施。

## 2.3 领导决策的基本步骤

科学的决策是事业成功的一半。领导者在进行科学决策的时候，除了要符合决策的目的性、可行性、经济性、合理性、应变性等有效决策过程中应达到的要求外，还应该遵循科学决策的步骤。一般来讲，一个合理的决策程序，可依次分为六个步骤。

### 2.3.1 及时发现问题

研究生存环境，明确面临的挑战与机遇，分析内部条件，清醒地认

识自身的长处和短处、优势和劣势。在寻找存在的问题时，应当探明造成问题的原因，也就是说，要把现象和原因区分清楚。现象是指引人们注意到存在问题的某种特征或事态发展。例如某公司出现亏损，然而，亏损并不是该公司的问题所在，而是问题的现象或后果。那么，该公司的问题到底是什么？答案可能有许多个。可能是产品质量不好，产品定价太高，也可能是公司广告策划得不妥等等。要把现象和原因二者区分清楚，就必须及时弄清楚公司为什么出现亏损。

### 2.3.2 确定决策目标

目标确定不当，必然会影响到其后一系列措施和行为的合理性。领导者与相关人员应根据收集的情报信息进行讨论和研究。如果出现不同意见，要尽量做到统一思想。如果经反复讨论仍不能达成一致意见，可列出几个不同的决策方案，通过比较做出选择。

### 2.3.3 拟定备选方案

领导决策时，每个决策目标至少要有两个行动方案。拟定这些备选方案时要充分发挥领导班子成员的作用和广大职工的创造性。

### 2.3.4 选择理想方案

在若干方案中挑选一个理想的方案，有时是比较容易的事，但有时也会遇到多个方案优劣很难定夺的情况。倘若此时决策者在时间不允许的情况下犹豫不决，必然会贻误战机，给企业或事业造成不必要的损失。这就要求领导者充分发挥决策能力，果断坚决地选择和确定最优方案。

总之，不管用什么方法对备选方案进行评估和优选，最终的决断还得依靠决策者的素质、经验和能力。

### 2.3.5 实施决策方案

领导者选定理想的方案后，就要制定实施办法，积极贯彻实施。为了做好决策方案的实施，必须把决策的目标和实现目标的措施向广大员工公布，发动群众为实现既定目标做出贡献。在实施过程中，领导者要做好计划、组织、沟通、协调等多方面的工作。

### 2.3.6 修正决策方案

在决策方案的执行过程中，还要追踪检查，及时反馈，不断地修正决策方案，使其更加完善。执行过程实际上是对方案的检验、修改和完善过程，更是人们认识事物的深化过程。在方案执行完之后，领导者应总结经验教训，为以后的决策提供借鉴。

# 2.4 领导决策能力的培养

决策能力是领导者的基本能力，它贯穿并影响着整个领导过程，因此，提高领导者的决策能力，是提高领导能力和领导素质的重要一环，具体方法和途径主要有以下五种。

### 2.4.1 提高内在的素质

领导者的内在素质决定领导活动的决策水平与能力。欲提高领导者的决策能力，必须从根本上提高其内在素质。

①政治素质

政治素质是决策者的灵魂，是决策者全部素质的集中体现。领导者要有坚定的政治立场，鲜明的政治态度，明确的政治方向，高度的政治觉悟与崇高的政治品德。

②知识素质

一要学习、借鉴历史上成功决策的过程和方法，研究决策失败的原因，增长自身决策的才干；二要掌握与自己工作相关的专业知识和技能；三要完善、优化自己的知识结构；四要掌握现代科学知识，适应复杂多变的领导工作的各种挑战。

③创新意识

这主要是指领导者在决策过程中的观念及气质上的创新。创新能力是领导者决策活动的生命，俗话说，不能创新的决策是不成功的决策，缺乏创新能力的领导者是不称职的领导者。领导者要洞察领导活动环境条件的变化，根据领导活动的目标，在领导活动中，统观全局，通过分析综合，抓住主要矛盾及矛盾的主要方面，挖掘各方面的潜力，打开工作局面，创造工作业绩。同时，领导者要形成卓越的创新精神，树立时间观念、竞争观念、信息观念和权威观念。

④民主意识

这是指决策过程中领导者充分尊重下属和相关人员的意见，使他们具有主人翁意识，发挥他们的积极性和创造性。在领导决策过程中，民主不仅是一种政治制度，更重要的是要表现民主作用，即依靠群众科学制定决策，依靠群众顺利实施决策。领导者要提高民主意识，深入实际，调查研究，联系群众，集思广益，广开言路，按照科学的程序和方法实施真正的民主。

### 2.4.2 搜集处理各种信息

现代社会是信息的社会，衡量领导者决策能力的重要标志之一就是在决策过程中能否掌握、运用信息。领导者要提高搜集、处理信息的技能。一要提高对信息重要性的认识，树立决策必须基于丰富信息的观念；二要有强烈的获得信息的欲望；三要研究收集信息的方法；四要善于搜集真实、及时、全面的信息，杜绝信息滞后和信息传递偏差的现象；五要提高对信息进行分析和处理的技能。

### 2.4.3 发挥"智囊团"作用

现代社会发展变化日新月异，领导者在科学决策时单靠自身的内在素质是不够的，重要的是集他人的思想和智慧为我所用，发挥智囊团或"外脑"作用，这已成为现代领导者科学决策的必要条件。要更好地发挥智囊团的作用，领导者要做到：

①善于团结专家和智囊人物，要真诚地与他们交朋友。

②鼓励专家、智囊人物畅所欲言，对提出有价值意见的人，要给予表扬和奖励。

③要让智囊团独立工作，不要人为地干预，杜绝把智囊团混同于秘书班子的做法。

④要把握智囊团只能为领导决策服务，不能代替领导者决策的原则。同时，领导者既要重视智囊团工作，尊重其劳动成果，又能对他们的意见进行科学评估，视情而用。

### 2.4.4 听取反面意见

领导者要努力创造各抒己见、百家争鸣的决策环境，同时要善于听取不同意见甚至反面意见，善于从反面意见中汲取营养。因此，领导者要做到：

①用诚心换取他人信任。

②公正不阿，不论亲疏，不盲从资历高者意见，坚持认理不认人，以意见的价值为准绳。

③设法为不同意见者提供机会。

④不要对反面意见进行指责。

### 2.4.5. 增强识别和决断能力

在决策方案中，有时意见良莠并存，有时不同意见针锋相对，这就要求领导者具有较强的识别和决断能力。领导者提高决断能力的方法主要有：

①领导者要增强驾驭知识的能力，以自己广博的知识和科学的思维方法战胜谬误。

②领导者以实现领导活动的目标为原则，善于摆脱"当事者迷"的束缚。

③培养处理问题的果断性，既要谨慎认真，又要当机立断，克服优柔寡断、拖泥带水的作风。

### 2.4.6 培养"多谋善断"的能力

领导者要具有多谋善断的能力。"多谋"就是要多出主意、多出点子。"善断"就是要有战略头脑，能够在错综复杂的情况下正确、果敢地决策。

领导者带领团队所做的一切工作中，大部分涉及决策的问题，大的决策要有大目标、大胸怀和大眼光，小的决策要注意小技巧、小细节和小问题，无论大小都不能出错或尽可能少出错，这就需要领导者必须做到"多谋善断"。

"多谋"就是运筹于帷幄的功夫，要通过调查研究提前设计出几套方案，几个办法；"善断"就是在几个方案中认真研究，权衡利弊，选择出最优方案。"多谋"必须搞好调查研究，这也是做好决断工作的基本方法。

①深入实际发现问题。界定问题的性质、程度、范围，分清是全局的问题还是局部的问题，是环节的问题还是细节的问题，是方向问题还是方法问题，是现实中的问题还是发展中的问题，是主观原因的问题还是客观原因的问题，是直接原因问题还是间接原因的问题，要用创造性的思维方式看待事物和问题，看到矛盾的一般性、普遍性和具体性。透过现象看到本质，抓住事物和问题的核心，做出新的判断。直到把问题加以归类排队，从中筛选出直指目标、影响全局且能带来较大效益和起关键作用的问题来，然后根据这个关键问题设计并筛选出最优决策方案。

②改进现状确立目标。要针对具体问题具体分析、确定近期目标和长远目标。所有的目标都应是明确而具体的，可以达成的，并且有时间限制的，既具有适度性，最好是伸手不及，跃而可获，又具有挑战性，就像"只有跳起来才能够得到的桃子"。

③集思广益拟订方案。要根据问题的本质提出切实可行的措施、方法和套路。要知道，团队内部或班子成员中，一个人有一个人的视野和见识，一个人有一个人看问题的角度，不同的角度会提出不同的方案，领导者必须按照不同角度，对所要决策的问题转着圈看一遍，这样才能体现出全面周到地看问题，才能高屋建瓴做出正确的决策。

④权衡利弊做出决断。对问题要统筹兼顾，动态考察，"谋"先行，"断"在后，有谋才有断。毛泽东同志说，多召集几个会议商量，然后才能有"断"，所断必须是"善断"。它的标志是断得正确，断得及时，断得到位。管理学认为，最好的方案总是来自于最多的方案，决策者研

究方案时，一定要开阔思维，用动态的眼光看问题，这样才能富有创意，才能根据目标决策未来。要做到当机立断，不是谋而不断，优柔寡断，也不是轻率鲁莽，马虎从事，而是对看准的问题果断决策。领导者在实际工作中经常犯的错往往是调查研究做得不够，问题发现不及时，对问题的分析、研判不透彻，提出的方案不具体，有时甚至闭门造车，根本谈不上多方案选择，往往是用不同意见拼凑出来一个方案，属于"将就凑合型方案"，所以根本没有足智多谋的过程，"善断"也就无从说起。

# 三、用人能力修炼

　　选人用人能力，是领导能力中最重要的组成部分。下属的积极性能否很好地发挥出来，是衡量一个组织有无生机和活力的根本标准，而能否合理地选拔和使用下属，也是判断一名领导者水平高低的重要尺度。

leadership

# 3.1 领导者识人的原则和标准

识人问题上的复杂性和困难性是客观的，不以人的意志为转移的，因此领导者必须掌握识人的原则和方法。

### 3.1.1 识人的原则

识人主要在德才两个方面。德是指个人人品、伦理道德和政治品德。在这里坚持正确的政治方向是首要的、根本的。才是指才智、才华、才干等等。德才是识人的依据，在领导工作中，两者辩证统一，无德则不能服人，无才则不能领导其所属人员做好工作。只有德才兼备，才能率众完成其所肩负的任务。以德才兼备作为知人善任的标准，是中国文化的传统。在历史上按此原则识人并加以使用的，都有一番业绩。比如诸葛亮，他不但有知人的思想，而且在实践中得到了体现，其中对待蒋琬就是一例。

### 3.1.2 识人的方法

一是用历史的方法识人，即看一个人，要把他同过去联系起来。二是把一个人与一定的环境和在一定环境中的关系联系起来。其实质就是要坚持用全面的、历史的、动态的理念和方法。只有全面地看人，才能正确地评价人，做到看人从大处着眼，取人的长处，克服他的短处；只有在不同的历史时期有不同的侧重地识人，才能把一个人的历史情况和现实表现结合起来观察。认识一个人不要凭一时一事，而要从历史上、一定的环境中进行全面考察，综合分析，运用辩证的、发展的眼光去看问题，以避免识人过程的片面性。

识人虽难，但只要掌握了一定的原则和方法，并有一定的相应程序相配合，识人的难度也就迎刃而解了。只有对人有全面的、正确的认识，才能正确地选择和使用人，做到知人善任，把每个人都安排到适当的岗位。

# 3.2 领导选人的方法

选人是用人的第一步。我国封建时代利用科举考试选人。现在西方有些国家通过人才评定中心选人，在评定中心里模拟了各种工作环境，并由有经验、有地位的管理专家、心理学家、科技权威等担任评定员。评定员对候选人在模拟的环境里进行工作的情况和表现进行观测，对候选人的知识、技能和素质进行评估，然后"会诊"，得出一致的结论。这样，就基本可以断定这个人能否胜任某项工作。目前，适合我国国情的选人基本方法，有以下几种。

## 3.2.1 考试选人

这是通过试卷来测检人才水平高低的一种方法。它包括论文试卷和测验或笔试。论文试卷是以长篇文章的论述测试应试者对某种问题的看法，以及所具有的知识、才能和观念等的一种方法。它的优点是可以测知候选人的文字表达能力、思维能力、想象力和联想力；它的不足之处是，评分缺乏客观标准，命题范围不够广泛，也不能测出记忆能力，等等。测验或笔试是以问答题、选择题、填空题或改错题等来考验其记忆能力和思考能力的一种方法，它的优点是评分公正，抽样较广，免去模棱两可的答案，可测出人的记忆力，试卷易评阅；它的缺点是，不能测出应试者的推理能力、创造力和文字表达能力。

## 3.2.2 当面考察

"不知言，无以知人。"面对面交谈，能使领导者对考察对象产生直接的亲身感受和较深的体验，从中窥见其思想水平高低，见识深浅，了解其工作的经历，受教育情况，有何专长、兴趣、志向、气质以及应变、表达能力等。如欲考察其学识，可问之以各种知识；欲考察其应对能力，可问之以各种机敏性的问题；欲考察其社会成熟度或性格的稳定性，可施之以压迫式的面谈。压迫式面谈是有意地施加压力，使对方焦虑不安，以探究其在这种压迫情况下，到底如何应付。有效的面试是成功的选人之法。

### 3.2.3 招聘求才

招聘作为一种求才的方法，历来为人们所称道。战国时燕昭王设"黄金台"，三国曹操发布的"招贤令"，诸葛亮设的"招贤台"，明朝朱元璋的"招贤榜"，均收到了发现人才、广聚人才的效果。当今，随着我国经济体制和政治体制的不断完善，以及人才机制的建立，各地、各部门实行公平、公正、公开原则广泛招聘人才，使被埋没的人才得以重用，产生出巨大的效益。当然，在实行招聘人才的同时，应更有效地利用本地区、本单位的人才，充分发挥他们的作用也是一种好办法。

### 3.2.4 动态考察

领导者将被考察者置于动态情形之下，运用多种评价技术，观察被考察者的组织能力、决策能力、创造能力以及应急能力，称为动态考察法。其主要方式有两种。

①公文测验

主试人给应试者一些日常工作必须处理的公文，包括电话记录、命令、备忘录、请示报告、各种函件等，并限时处理完。如美国电话电报公司要求应试者在三小时内处理，通过动态中的测试和实地操作，可以观察应试者是否抓住了主要矛盾和关键问题，处理问题是否果断，是否善于发现问题、解决问题，从中测出应试者能力的优劣。

②无领导小组讨论

将 6 ~ 12 个应试者组成一个小组，不明确召集人，要他们讨论一项业务或人事安排问题。通过讨论，可以看出谁具有领导能力并能驾驭整个会议说服他人达成一致决议，从而对每个应试者的领导能力与说服能力做出评价。

### 3.2.5 试用考察

领导者在正式任用所选人才之前，最好给他一段试用考察期，经过试用确实称职者方可正式录用。这种方式的优点是，可以避免由于被考察者的巧妙伪装而造成的主观判断失误；也可以使其他下属口服心服，便于将来合作；还可以使被选用者熟悉工作，获得经验，以便在正式录用后工作上更加得心应手。

### 3.2.6 综合选拔

这种方法主要用来选拔高一级领导人才。它包括上述各种方法，从而克服单一方法的缺点，吸收上述方法的优点。全面考察、选拔人才，实行层层遴选、优中选优、逐轮淘汰，大体分以下步骤：

①通过测试式笔试和论文式笔试，择取知识面广、记忆力强、具有较高判断力、推理力强者参加下一轮竞争。

②将第一轮产生的优胜者，置于动态情景之中，现场考察，对于周围的环境及存在的主要问题，限定时间，写出应答对策，以观察应试者分析解决实际问题的能力，从中选出优胜者参加第三轮竞争。

③优胜者参加公开的答辩竞选。主持人提出一系列涉及理论和实际工作规则的、难度大的问题，要求应试者立即答出，以观察应试者的应变能力、逻辑推理能力、思维反应能力、语言表达能力，考察应试者的气质、风度及对听众的反应。通过答辩竞选排出应试者的名次，选出前几名，由人事部门再全面考察权衡，最后确定人选。

④试用期能圆满完成任务、确实称职者，则可正式予以任用。

## 3.3 选拔人才的程序

领导者做出正确的用人决策，是驾驭好一个组织的最基本的手段。因此，必须通过科学而严密的步骤，有效地选拔人才。

### 3.3.1 分析岗位职缺

这是选拔人才的起点，也是关键的步骤。它要求领导者必须清楚每个空缺的职位所需要的人才是什么。为此必须从分析工作需要入手，根据工作要求，缺什么样的人，就选什么样的人。总之，要因事选人，不能因人设事。还要根据不同的职缺要求和侧重点来确定选拔人才的目标。整个选人的过程，都要紧紧围绕职缺和目标进行。

### 3.3.2 制定选人标准

关于选人的具体标准，每个国家可能不同，但也有共性。如日本选人的标准是学历、经历、能力、忠诚和健康五条。我们国家强调德、才、资。德，是指品质。才，是指才能，即具备胜任工作的能力。资，是指资历，包括学历、经历、经验和工作成绩。总之，要德才兼备。

### 3.3.3 拟定选拔方案

领导者应根据职缺要求，制定选拔方案。它包括确定选拔对象、规定选拔内容、采取具体的方式和方法、拟定具体的时间程序。

### 3.3.4 确定选拔对象

候选人必须有一定的数目。没有一定数目的考虑对象，就不会有充分的选择余地，所选的人才也不一定合格，更不用说优选了。

### 3.3.5 组织进行考察

领导者要组织人员到候选人的原单位了解详情，讨论每个候选人的情况，并对候选人进行全面考察。如采用观察法，就是实际观察候选人的工作业绩；采用参与法，就是请候选人参加某项实际工作，看一段时间再说；采用日记法，就是请候选人把每天的工作记录下来，从中分析他的能力；采用列表法，就是将工作内容列一张表，请候选人考虑能胜任多少条；采用问卷法，就是把问卷发给候选人，请他回答有关问题。通过考察，可以大体了解候选人的智力、性格、技能、兴趣、动机、愿望等特性。在此基础上，领导者还要亲自与候选人进行面谈，以便进一步考察验证。

### 3.3.6 做出任用决策

任用人员时必须经过集体讨论，认真地研究这些候选人的优缺点。

同时从几名候选人中，进行反复比较推敲，优中择优，最后做出人事决策，任命中选者（聘用）。

# 3.4 领导者用人的原则

用人原则、用人制度是企业用人成败的关键，领导者要做到合理使用和安排下属，需要掌握下列原则。

### 3.4.1 量才而用，人尽其能

人才有不同层次和类型，在用人的时候，必须做到职能相称，量才使用，既要避免大材小用，也要避免小材大用，而要把人的才能、专长与岗位、职务和责任一致起来。古人说："骏马能历险，犁田不如牛。坚车能载重，渡河不如舟。舍长以就短，智能难为谋，生才贵适用，慎勿多苛求。"这里的意思就是强调人尽其才，适才适所，适人适职，避免出现因人设事的虚职。

### 3.4.2 克服所短，用人所长

领导者的用人之道是用其所长，避其所短，宁用有缺点的人才，不用所谓无缺点的庸才。对于那些才华横溢、智能超群，同时也可能缺点突出、争议很大的人，领导者要有胆识和气魄，力排众议，态度鲜明，容其所短，大胆重用。无论哪个领导者，如果要求用人没有缺点，其结果必然导致庸才云集，败坏事业。所谓样样都好的人，则往往不过是平平庸庸，无所作为的人，而强人往往都有显著的弱点。一个领导者，如果只看别人的短处，则无一人可用；若看到别人的长处，则无不可用之人。

### 3.4.3 用人不疑，疑人不用

领导者要充分信任所用的人，大胆地让他工作，使他独立地负起责任，做到用人不疑，疑人不用。用人信而不疑，使人产生心理上的安全感，使人的积极性得到充分发挥；用人信而不疑，使人对组织、对其工作的集体产生归属感和认同感；用人信而不疑，能增强人们的自信心，从而加强主动性与创造性；用人信而不疑，会使人产生期待感，它能激发人的进取心，增强其克服困难的力量。同时，上级信任下级，下级也会信任上级，相互信任就会产生一种向心力，上下和谐一致地行动。

领导者要做到对下属信而不疑，需要把握好以下几点：

①不要听信谗言，要有识人识事的慧眼，识破谗言。

②对进谗言者要教育，造成严重后果的要绳之以法。

③对受害者要澄清事实。在没有查证落实之前，不能轻易地怀疑、处置受谗言所害的人。

### 3.4.4 不分亲疏，任人唯贤

任人唯贤还是任人唯亲，是两条对立的用人路线。我们必须坚持任人唯贤，反对任人唯亲。任人唯亲是自私心重、心胸狭窄、目光短浅的表现。领导应以事业为重，打破"亲疏"的界限，坚持从实际出发，大公无私，不拘一格，任人唯贤，实事求是地去选拔和使用人才。

### 3.4.5 容才纳贤，高风亮节

大度容才也是领导者容才纳贤的气魄和度量。

①容人之长

一些领导者对一般的人才可以任而用之，可对八斗之才、拔尖之才，尤其是超过自己的高才却容忍不了，认为其对自己的权力和中心位置构成了威胁。于是，嫉妒之心油然而生，压才之举随之而行。殊不知，这是愚人之见。真正的优秀人才必然会脱颖而出，任何人也压不住。高明的领导者，对高才是喜不是忧，是扶不是压，是求不是弃。因为他懂得，高才是事业成功的希望。

②容人之短

人才虽有所长，也有其短。有的优点突出，缺点也突出；有的恃才自傲；有的不拘小节；有的怪僻陋习；人才之间还有各种矛盾。因此，领导者既要用其长，也要容其短。

③容人之言

这是指要听取贤才的各种主张和意见，鼓励他们讲话，尤其能听取他们讲出不合自己口味的意见。这是因为，既然是人才，必有自己的真知灼见，必然对自己的见解充满自信心，对上司的意见不会随声附和，往往固执己见。有的人才还往往不懂世故，不顾情面，不分场合，秉公直言。领导者容人之言，也是发扬民主的表现。作为一个领导者，应当接贤纳谏，广开言路。

④容人之冒犯

容人之中，容人之冒犯最难。某些领导者如"老虎的屁股摸不得"，"太岁头上的土不能动"，一摸即跳，一动就怒，你稍有冒犯之举，他就伺机报复，以"兵"相敬。真正有远见、有度量的领导者从不给冒犯者"穿小鞋"，对合理的冒犯，引咎自责；对不合理的冒犯，也能以事业为重，从大局出发，毫不介意。因为他知道，这些"胆大包天"的冒犯者大都秉性耿直，光明磊落，这正是难得的人才，是事业希望之所在。

### 3.4.6 德才兼备，保证质量

坚持质量原则，有利于将组织成员导向良性竞争的轨道。用人要讲究质量，要用独当一面的优秀人才，要用值得信任、能够拿得起放得下的人才。这种人才才是有质量的人才。一个单位，只有任用了有质量的人才，工作方能得到有效的推进，事业才能得到健康的发展。

人才质量的要素是德与才。二者缺一不可，也不能相互替代。有德无才，难担大任；有才无德，其才足以售其奸，重用了有更大的危险。德才相比，德又是首要条件。德才是一个不可分割的有机统一体。宋代史学家司马光说过："才者，德之资也；德者，才之帅也。"事实确实如此，一个人具备了相应的才能，方有得力的依托以显示其德行。同样，一个人具有高尚的德行，方能使才按正确的方向得以施展。德才二者的辩证关系是：德，是才的方向和灵魂，是才发展的内部动力；才，是人得以发展和成功的基本条件，也是德得以发挥的凭借。

## 3.5 领导用人能力的培养

人的优点和缺点、长处和短处，是对立的统一。金无足赤，人无完人。作为领导者，对人才的要求不要太苛刻，不要太计较，不要求全责备。要知道，世界上没有十全十美的人才，只有追求十全十美的领导，这样的领导是不成熟的、不明智的。因此，领导者的用人能力不仅体现在眼光上，也体现在思想上，体现在胸怀上。

### 3.5.1 用人要容人

任何人都有优点和缺点，上至伟人，下至百姓，莫不如此，在用人问题上，究竟任用何类人，就成为一个十分关键的问题。因此，领导者的用人之道就是用其所长，容其所短。

作为领导者，如果只注意一个人的短处，而不注意其长处，只设法去克服人的缺点，而不设法发扬其优点，这个领导者注定是一个失败者。在国外，一些成功的大企业对本企业聘用的经营人员提出一个原则：不犯"错误"的人很可怕，在受聘的一年之内，允许犯一次以上的"合理错误"，如果做不到这一点，此人第二年就被解聘。他们认为，如果受聘人员在一年的任职工作期间不犯"合理错误"，则意味着此人没有创造性、竞争性而保守平庸，心理素质和工作能力都成问题，不可能有所建树。同时，这些企业家认为，更重要的一点是：一个不敢冒风险的经营人员在竞争中丧失的机会要比捕捉到的机会多得多。风险越大，往往希望越大，获得的利润越高。这条原则的确定，使经营人员感受到上级敢于承担责任的宽容态度，同时也激发了自己的想象力，增强了自信与冒险精神，在别人智力辐射不到的空白地带一举取胜。

在实际生活中，一部分领导者往往错误地认为，别人的长处会对自己构成威胁，对人的长处视而不见，弃之不用，甚至压制。其实这是一种错误的做法。美国钢铁之父卡内基之所以成为钢铁巨人，就是因为手下有一大批能力强的人为他工作。我国历史上刘邦之所以成就霸业，夺得天下，建立西汉王朝，就是因为手下有一批在某些方面超过他的文臣武将，他自己也说："运筹帷幄，决胜千里之外，吾不如子房；镇国家，抚百姓，给饷馈，不绝粮道，吾不如萧何；连百万之众，战必胜，攻必取，吾不如韩信。三者皆人杰，吾能用之，此吾所以取天下者也。"领导者不一定样样胜过别人，现实中谁也做不到。但他必须具备超群的用人能力，将那些超过自己的人组织到自己的旗下。做到这一点，就是领导者的成功。

### 3.5.2 用人要信人

大凡有才之士，都有较强的自尊心、自信心、成就感和荣誉感，有独立处理问题的能力和解决问题的方法。领导者要充分信任他们，对他们的行为不要指手画脚，随意干涉；要放手让他们在职权内独立地处理问题，使他们有职有权，创造性地做好工作。信任人、尊重人，可以给人一种安全感和精神激励。如果领导者想用某人，又存戒心，对他总是将信将疑，处处设防，他的自信心和自尊心必然受到伤害，同时也会产生一种不安全感，这样就会出现一种离心力。轻者消极怠工，变相对抗；重者则另投他处。因此，领导者对于人才，既然要用，就不要轻易地、毫无根据地怀疑。如果有怀疑，在问题没弄清之前，就不要任用他，否则，将会造成难以挽回的损失。

### 3.5.3 智能职级要相称

领导者在用人时，必须做到职能相称，量才使用，适得其所。也就是说要使职级与智能相一致，让高智能者获得高职级，达到大材大用，小材小用，人尽其才，各得其所。这样，领导者就能有效地开展各项工作。若使那些智能低者处上，智能高者处下，则必然出现以下不正常的现象：一是智能高者积极性受挫，难以实现抱负，并使工作不能正常进行。二是智能低者感到不便于领导，或因自愧不如而不愿领导，遇事绕着矛盾走；智能高者也感到"名不正，言不顺"，从而使各种人际关系、工作关系不能正常发展。三是双方产生敌对心理和行为，或因才智低者职位高，才智高者不服而导致才智低者以权力相对付，从各方面制造麻烦，刁难对方。或因才智高者职位低，就以其才智相抗衡，从各方面阻挠工作的进行，一来一往，无休无止。领导者整日陷于矛盾纠纷之中，分散精力，也顾不上各项工作的处理。因此，领导者在用人中若不注意职级与智能相符的原则，从一开始便会种下内耗的祸根，使其所领导的工作效率低下。

### 3.5.4 组合搭配要合理

领导者在选配班子时，首先要考虑其成员能否达到心理相容，即气质和性格是否相容，这一点也很重要。人们的气质和性格差异很大，有外向型的、内向型的、急性的、慢性的，对于这些不同气质、性格的人才，在选配人才时，要注意合理搭配。如果搭配不当，下一步工作就很难取得成效。如果班子成员全是由性情暴躁的人组成，其素质无论多高，也势必造成内耗，从一开始便注定是一个火药库。相反，如果全是慢性子脾气，这个班子一定是议论多于行动，议而不决，决而不行。所以选配领导班子一定要注意不同气质和性格的合理搭配。慢性子的人和急性子的人结合在一起，这样就能使人才既处事稳妥又保证效率，勇于进取又能配合默契。"急""慢"相宜，"刚""柔"相济，这是用人的一大诀窍。另外，在人才组合上还要注意人才互补。互补就是在配备领导班子时，使不同特长的人相互补充，组成一个较好的人才结构，更好地发挥领导群体的最佳功能。如果一个大单位的班子里既有经验丰富的老同志，又有开拓创新的年轻人；既有理工方面的专业人才搞技术革新、发展经济，又有精干的行政管理人才提供适宜的环境给予保证，有了这样的人才组合，就能分工明确，紧密配合，各显其长，互补其短，确保各项计划的实现。

# 3.6 使用人才的基本方法

合理选择人才，只是调动人的积极性的起点。在使用人才的过程中，若出现用人不当或失误，同样会挫伤员工的积极性。因此，只有通过合理的用人环节，才能真正调动所选人才的积极性。在用人过程中，要着重把握以下方法。

### 3.6.1 用人要用当其时

用人应当抓住时机。每一个人，特别是出类拔萃的人才，都会有他一生的辉煌时期。这一辉煌时期是用人者和人才共同造就的，也就是说，人才之所以能发出光彩，与领导者对他的起用是分不开的。所谓用当其时，其实是指怎样把握人才的起用时机。一般说来，领导者要起用某一人才时，应注意把握两个基本条件。

①起用的时期，就是该人才一生中才华横溢、精力最充沛的时期，因而也正是能够最充分地使用人才、使其发挥作用的时期，这样，该人才就可能为本组织系统做出巨大的贡献。

②起用的时机，应是最能激励人才成长、进步的时期，只有在人才把自己的成长与组织的前途紧密联系起来的时候，才能使人才的创造性和潜力得到最大程度的发挥。在这样的时候，就应该大胆地、及时地把人才提拔到重要的岗位上去。

### 3.6.2 用人要用当其位

要想合理使用人才，就必须将人才放在最能充分施展其才华的位置上。有多大力，挑多重的担，这是古人反复阐述的用人之道。现在，我们有了更为系统的理论指导，比如管理学、人才学等，使得我们对用当其位有更深刻的理解。在这里，用当其位，是指人才的能力与岗位的要求相适应，在个人素质与群体素质相吻合、人才的成才轨迹与成才目标相一致的基础上，把好钢用在刀刃上，为各类人才搭建发挥其能力的平台。

### 3.6.3 用人要用当其长

这是指在使用人才时，要扬长避短。金无足赤，人无完人。每一个人才都有其长处和短处。领导者要充分研究和把握人才的优点和长处，使之在适当的职位上发挥作用。人尽其才，物尽其用。

### 3.6.4 用人要用当其愿

在条件许可的情况下，尽可能考虑被起用者的兴趣、爱好和个人志愿，合理安排他的工作。这样处理比违背他的意愿、单纯靠运用行政手段，强迫他去从事某项工作，会获得更好的人才效益和社会效益。这就要求我们充分尊重每个人的选择权，并热情鼓励大家勇于"自荐"，在用人过程中要授以职权，用人不疑；尽量满足人才在成才和目标选择方面的正当要求，努力为他提供必要的工作条件、物质条件和心理条件，推动他进入最佳心理状态，尽快成才。

# 四、管人能力修炼

　　管好下属，带好队伍，是领导者的重要职责之一。人是生产力中最活跃的因素。领导者的主要管理活动更多地体现在管理下属上，也就是管人工作上。管好了人也就管好了团队，也就管好了企业。

leadership

## 4.1 领导管人的原则

人都是有感情、有理性、有尊严、有需求的，领导者管人必须坚持人本主义与工作兼顾的原则，既要维护人的尊严，满足人的需求，又要提高工作效率，推动事业进步。一个部门的领导者能否充分调动下属的积极性，能否充分发挥下属的特长和主观能动性，能否妥善处理各种矛盾和冲突，直接关系到能否带领大家顺利实现组织目标。

### 4.1.1 充分调动下属的积极性

一个团队有没有战斗力，这个组织能否创造出优异的业绩，在很大程度上都取决于这个组织内部人员的工作情绪和向心力。因此，高明的领导者总是想方设法地调动下属的积极性，增强团队的凝聚力。

（1）注重人与人之间的关系

戴夫·帕卡德 1912 年出生于美国科罗拉多州的普韦布洛，1936 年与比尔·休利特一起创立了休利特—帕卡德公司，即惠普公司。他们当时工作的车库被确立为硅谷发祥地的纪念标志。惠普公司经过几十年的发展，成为生产计算机与电子产品的国际性大公司，属世界第三大电脑公司，帕卡德曾于 1969 年被任命为美国国防部副部长，1993 年帕卡德从公司退休，1996 年 3 月 26 日去世。戴夫·帕卡德年轻时酷爱体育运动，教练曾经对他讲，两个争夺冠军的球队，其水平、实力相当，在这种情况下，默契配合极为重要，特别是在那些瞬息万变的比赛中。这个道理似乎谁都懂，但是只有真正在运动场上实践过的人才会真正理解这一原则的重要。帕卡德把这些话铭记在心，努力促成人与人之间互相信任、互相关心和密切配合，并使之成为他经营管理思想的重要特征。几年后，第二次世界大战结束了。惠普公司在战争期间发展迅速，此时已经成为拥有 200 万美元资产和 200 名工人的大公司。但是，危机已经到来。

战争一结束，许多军事项目迅速停建，电子设备在军用市场上的总销售量迅速下降，由军事工业带动的民用品市场也迅速萎缩，惠普公司的业务一落千丈。面对市场的衰退，帕卡德不得不辞退了 100 多名工人。看到许多一起创业的朋友马上就要失去工作，沦为失业者，帕卡德的心都碎了。他深深懂得，失业对工人意味着生活水平的迅速下降和自尊心的巨大伤害。眼见人们陆续地默默离去，帕卡德心中发誓：一定要渡过难关，把公司搞上去，把这些工人重新请回惠普公司。这次解雇工人给帕卡德留下了终生难忘的印象。以后，惠普公司即使在最困难的时候也坚持不辞退员工，这在硅谷一带绝无仅有。随着美国经济新的一轮经济周期的展开，惠普公司又恢复了昨日的辉煌，公司又重新拥有 200 多名员工。到 20 世纪 40 年代末，惠普公司资产已接近千万，成了硅谷中的明星企业。1959 年，正当惠普公司在帕卡德领导下蒸蒸日上时，他注意到公司员工的热情似乎不高，这是为什么呢？帕卡德有些迷惑不解。惠普公司的股票 1957 年公开上市以来，股价节节攀升，成为华尔街的宠儿，难道在这样的公司工作还有什么怨言吗？当帕卡德委婉地问公司的一名检测人员时，这位员工告诉他："是的，我为在这样一个大公司工作感到自豪。但是，作为一名员工，我却并没有感到是企业的主人。工薪的确在上升，但老板还是老板，伙计还是伙计。"听了这一席话，帕卡德陷入了深思。应该让大家都成为公司的主人，这样工作起来才会齐心协力，才会一心把公司搞好。第二天，帕卡德在公司主持的记者招待会上正式宣布，惠普公司为调动员工的积极性，为把公司获得的巨大利益也分配到辛勤工作的员工那里，将推行员工持股计划。这就是后来风靡美国的 ESOP（员工持股计划），他把公司股票分阶段按工作时间分给员工。员工作为公司主人后，立即面貌一新，惠普公司销售、生产各方面呈现出一片新的气象。

（2）用温情换取人心

德克萨斯州一家著名电视机厂经营不善，濒临倒闭。老板焦思苦虑，最后终于决定请日本人管理这家工厂。日本人来到这家工厂之后，所采取的两项措施看似"雕虫小技"，但令美国人惊讶不已。

①新任经理把职工召集在一起，不是指责嘲笑他们，而是邀请他们聚首喝咖啡，还赠送给每人一台半导体收音机。经理说："你们看看，这么脏乱的环境里怎么搞生产呢？"于是大家一齐动手，清扫、粉刷了

厂房，使工厂的面貌为之一新。

②经理一反资方与工会对立的传统，主动拜访了工会负责人，希望"多多关照"。此举使工人们很快解除了戒备心理。经理不仅雇请年轻力壮的人，而且把以前被该厂解雇的老工人全部召集回来，重新雇用。

这样一来，工人们的感恩戴德之心油然而生，生产效率急转直上。七年后，这家由日本人管理的美国工厂，产品的数量和质量都达到历史最高水平。

（3）重奖创造性工作的员工

惠普公司一位聪明能干、积极努力的工程师查克·豪丝几年前正在研制一种新型显示监视器时，上级通知他放弃这个努力。他通过广泛调查，预见到这种显示器必然有巨大的潜力。因此，他没有理会上级的指示，继续进行这种新产品的研制，不顾上级多次要求他停止这项工作的压力。他说服他所在部门的研究与开发经理把这种监视器投入了生产和市场。结果，惠普公司销售了 17000 台这种监视器，赢利 3500 万美元，豪丝也因超乎工程项目的正常职责范围，表现出异乎寻常的创造性的工作而受到重奖。

### 4.1.2 全面发挥下属的能动性

上下级之间，如果情感状态和谐一致，或者基本适应，他们就能共同发挥更大的潜能，创造更大的效率。相反，如果相互不适应甚至对抗，则会大大降低他们的工作效能，甚至把自己的才华和精力都淹没到无穷无尽的不适应或对抗的情绪中去。这种人为的浪费，实际上是一种怠工，是十分令人痛心的。上下级之间情感的不适应，要进行及时的调节和控制。作为领导者，有一些自我控制是必须努力做好的。例如与人为善、不伤害下级的自尊心，不搞两面派，从善如流，乐于接纳新事物，容纳他人，肯于授权，乐于致谢，承担责任等等。具体说来，领导者应强化如下几个方面的训练。

（1）不沉迷于权力

领导者的权力是进行正常管理的重要因素。然而，如果领导者只对权力津津乐道，不去调查研究，不去学习先进科学文化知识，不去提高效率，就会使下属在表面服从中滋长不满情绪，影响积极性和创造性的发挥。

（2）充分信任下属

充分信任下属就是说要"用人不疑"。要使下属感到你相信他，使他具有一种不做好工作就忐忑不安的心情。俗话说，"种瓜得瓜，种豆得豆。"领导如能付出代价，精心培养下属，高度信任下属，并给予帮助和支持，必然会获得下属的绝对忠诚和爱戴。

（3）挖掘下属的潜力

挖掘下属潜力的办法是给下属"下任务、压担子"，为下属制订合适的具有挑战性的目标。当下属向领导说"想不到我真完成了这项任务"时，就是领导应该继续发掘下属的新潜力和优势的时候。

（4）鼓励下属去创新

领导要引导和鼓励下属成为本系统、本行业中出类拔萃之人才，成为勇攀高峰的专家，为他们创造条件，排忧解难。当他们因为创新而取得成绩时，应该及时给予肯定和奖励，为有这样的下属而自豪。

# 4.2 领导管人的方法

在职场中，领导者管理下属是一项很重要的工作。下属性格迥异，能力不同，如果用简单生硬的方法实施管理，是不可能做到有的放矢的，也不可能收到良好效果。在这里，我们将成功领导者的管人方法汇总在一起，以供后来者借鉴和学习。

## 4.2.1 运用表扬的力量

（1）表扬别人的益处

有人做过这样的实验：把学生分成三组，对于第一组的学生凡事都采取表扬和鼓励的态度；对于第二组的学生则非常冷漠，不闻不问，放任自流；对于第三组的学生总是批评。一段时间下来，第一组的学生进步最快，第三组的学生有较小的进步，而第二组的学生几乎没有进步。由此可见，人人都渴望受到重视，得到表扬。

然而，人们却又往往吝惜自己的语言，就像著名心理学家杰丝·雷耳评论的那样："称赞对温暖人类的灵魂而言，就像阳光一样，没有它，我们就无法成长开花。但是我们大多数的人，只是敏于躲避别人的冷言冷语，而我们自己却吝于把赞许的阳光给予别人。"中国人更是不习惯当面说人家好话，喜欢以一种非常含蓄的方式来表达自己的感情，诸如"严是爱、松是害"，"打是亲、骂是爱"等，都是要求人们从行为中去慢慢体味其中蕴含的感情。

事实上，和人交往取得成功的第一步，就在于你看别人的方法以及你由此表现出来的态度。

用你的态度和语言来赞赏你的下属，用表扬的阳光照亮你下属的生活，所有工作都会有意想不到的效果。

（2）掌握表扬的方法

针对不同的事情，不同的人物，不同的需要，领导者要学会使用不同的表扬方法。

①以肯定的方式进行表扬

人人都渴望得到别人的表扬，无论在事业上还是生活上，他们都希望通过别人的赞赏来肯定自己。在日常生活中，特别是在一些特定的时刻（如成功地完成某件事，特殊的纪念日等），以肯定的方式进行表扬更具感染力，让被表扬者终生难忘。

②以目标来实施表扬

渴望得到他人的表扬是人性深处一个基本的特性。当你真心表扬一个人的时候，使人感受到一种价值，一种成功感。这正是在于帮助人们树立一个目标，并鼓舞他们向着那一目标不懈地努力。

③采取反向方式来表扬

反向表扬与上面两种方法最大的差异在于被赞赏者的行为本来是应当受到批评和指责的。但是，批评挑剔是人们最难以接受的方式，而且无论怎样的批评，对于激发人们的热情都是非常有限的。反向表扬法的要诀就在于找出对方行为中值得赞赏的地方，并给予肯定，对其错误则表示理解，不予评价。

总之，人与人、人与群体、群体与群体之间都是渴望相互交往的。在社会交往中，人们不仅希望爱和归属的需要能得到满足，还希望他人能够尊重自己的人格，希望自己的能力和才华得到他人公正的承认和表扬。同时，他们尊重的需要一旦得到满足，就会成为持久的激励力量。

### 4.2.2 把握批评的分寸

批评与表扬一样都是一种激励方式，只不过在形式上一正一反，但在目标上却是一致的。

批评是为了提醒和改变对方，而非树立对立面或引起对方反感。因此，领导者应该尽量避免和减少批评产生的负面作用，以达到理想的批评效果。

（1）在表扬中渗透批评

正如理发师总是先给顾客抹上肥皂沫，然后再为他刮胡子一样，批评只有被对方内心接受，方才有效。如果下级明知批评有理，却时时为了自己的面子而推托或口是心非，为什么不在批评之前给他"抹上肥皂沫"呢？任何一个下级都不会只有错误而没有长处、成绩，那么何不先表扬后批评呢？这时，被批评者会觉得领导的批评是善意的，对问题的分析是全面的，而且不会产生委屈的感觉，更不会对领导产生抱怨或抵触情绪。有句谚语说得好，你不能只雇用一个人的一只手，得雇用他整个人。一个人本身不可能只有长处，还会有某些缺点，关键是我们如何去看待。作为领导者，不要只盯着别人的缺点，要看他的长处。人就如金刚石原坯，不加雕琢时只是一块石头，只要雕琢，不管是谁，都有发出灿烂光辉的优良品质。

（2）不当面揭短

作为领导者，在希望改变自己下级的时候，请不要忘记保全他的脸面，这也同样会给领导工作带来巨大收益，既达到批评目的，又不会招致任何怨恨。"人要脸，树要皮"，敏感的下属注重自己的名誉，对直截了当的批评深恶痛绝。如果领导者在谈话中能巧妙含蓄地提醒他们注意自己的错误，往往会取得意想不到的效果。

（3）既激励又约束

仅会使用"奖"或仅会使用"罚"的领导者，必然不是一个好的领导者。恩威并举，一向被人们认为是领导者制胜的法宝，即：激励与约束必须同在。有时领导者对下级所犯的错误实在是忍无可忍了，认为有必要给他们一个教训，不妨爆发一次，特别是在众目睽睽之下。然而，此时领导者必须确认自己是正确的，而且不能过于苛刻，这电闪雷鸣的一击会给部下留下深刻印象，从而更好地树立领导者的权威。当然，有些时候受到批评的下属可能会对领导者产生不满情绪甚至抱怨、痛恨，因此事情过去以后领导者一定不要忘记给予补偿。

（4）批评要坦诚相见

在某些场合，对某些人来说，毫不掩饰、直接的批评能产生更有利的影响。如有些自信心强的人，认为赞扬加批评是抚慰弱者的手段，出于自尊的要求，他会打断赞扬式的开场白；有的人生性耿直，认为赞扬的话很像是花言巧语，不如直来直去痛快；有时，被批评者的领悟能力使他对其他形式的批评反应迟钝，或者是因为过多地滋生了自满情绪，对赞扬感到乏味；有的人希望别人对他讲话少一些客气、礼貌，并且来得更亲近些。总之，一位领导者明白地表示不满意，单刀直入地提出批评也是必要的工作方式。但在现实中，还有很多主观和客观的因素妨碍着人们坦率地表达自己的意见，例如性格差异、关系亲疏、生活经验、处世哲学等都会影响坦率的批评，也会影响对待坦率批评的态度。所以说坦率批评要看条件，不要让对方产生误解，要双方都喜欢并接受这种方式时才可采用。

（6）采用非语言方式批评

有些错误，可能很难用语言恰当地描述给犯错误者，此时，最好的办法是采用非语言方式的方法批评下属，这样反而更能起到深刻、持久的效果。

①独出心裁的批评方法

在一次会议上，参加会议的人怎么也不能取得一致意见，每个人都在反驳别人，坚持自己的提议，并千方百计地证明着自己的正确，情绪非常激昂，问题却纠缠不清。可是这位主持会议的领导并不着急，因为这种会议已不是第一次，这次他已经想出了应付的办法。会议进行了两个小时后，他建议休息一下，让房子透透光。重新开会后，他并没有请大家继续发言谈话，而请大家再听一遍所有的提议、论据和反对意见，于是他打开了录音机——原来在参加会议的人不知道的情况下，全部发言都被录音了。发言的人听着自己的发言和反驳，发现刚才自己认为十分明确、很有说服力的言辞，竟是如此漏洞百出，强词夺理，因此大家都低下了头。这时会议主席提议继续讨论，结果发言谈话都变得简短明确，更负责任了，大家的意见很快便一致起来了。有趣的是，以后这位领导者主持的会议也都开得颇为顺利，因为参加会议者都认为录音机又打开了。

看来，批评者的任务并不是批评，更重要的是设法使犯错误者认识到自己的错误。

②采用以身作则的批评方法

你可以赢得一场战争，但未必能赢得真正的和平。你也许早已忘了伤害过谁，可是被你伤害的那个人却永远不会把你忘记。因此，一位聪明的领导者在批评别人的时候，首先应该对自己与别人都有一个正确的认识。要想到自己应承担的责任，想到自己的不足，同时以理解的态度去看待对方的过失，考虑一下自己在同等条件下是否也会出现过失，不要以一贯正确的口吻去批评别人。

③意味深长的批评方法

比尔·克里奇是美国空军战术指挥部四星级上将，他在一次视察中，偶尔经过一间年久失修、破破烂烂的军需部办公室。由于当时搞军需的在空军中被人看不起，地位比较低，所以碰到这种办公室并不奇怪，可是克里奇将军为解决这一问题已经下了很大的功夫。他走了进去，屋里一位军士的一把军用灰色椅子吸引了他的注意力：这椅子已经破了，多处用电工胶带粘着，只有三条腿，第四条腿架在一块木头上。克里奇当即命令助手将这把椅子装箱运回弗吉尼亚州的战术空军指挥总部。随后这位将军举行了一个盛大的仪式，将这把椅子"奖给"了负责后勤的一位三星级将军，并且宣布从现在开始他就使用这把椅子，直到整个军需工作走上正轨为止。

总之，正确有效的批评，既可采用语言批评方式，也可运用非语言行为方式，无论采取哪种方式，都要使受批评者懂得领导者批评的意思和态度，心平气和地接受批评意见，并认真改正。这样不仅能收到批评的效果，领导者批评的目的也就达到了。

### 4.2.3 处理冲突的技巧

尽管人与人之间的冲突是不可避免的，也是大量存在的，并且有些是积极的，但作为领导者，切不可因此就"视而不见"或"听而不闻"，必须以认真的态度去预防、缓和、解决冲突，并引导它们向有利于组织目标的方向发展。

在一个组织中，人们为实现一定的组织目标，自然要产生与这一目标相适应的思想和行为。然而，千人千面千颗心，人们的思想和行为又不是千篇一律的，各有各的思想方法，各有各的行为方式，在统一的组织目标之下，其思想和行为大致可分为合作和独断两类。

合作是指一方当事人希望满足另一方当事人的程度，而独断则是指一个人（一方当事人）追求满足自身需要的程度。根据人类行为的基本范围，我们可以导出五种特定的解决冲突的途径：对抗、和解、回避、合作与妥协。

（1）以对抗方式处理冲突

对抗意味着独断和不合作，它是指一方当事人以牺牲对方利益为代价而追求自身的利益。当人们使用这种以权力为中心的方法时，他们是依靠权力的作用达到他们自身的目的，而完全不考虑"对手"的处境。这种方法包括争论、威胁、降职及进行经济制裁等。惯于采用这种方法的领导者通常认为只要能击败对手、赢得这场冲突的胜利就是成功。这种做法的结果通常导致敌意的增长和关系的破坏，不利于领导工作的开展和领导能力的发挥。

（2）以和解方式处理冲突

和解是指不独断和合作。它与对抗相反，是对抗的对立面。在和解的时候，往往是一方完全让着另一方，即一方在满足对方的利益的时候完全不顾自己的利益。和解者经常表现为慷慨无私及宽容，当他们与对方有异议时，也经常是服从对方的要求。采用这种方法来处理冲突的领导者，往往是很讨厌冲突的人，他们甚至会为了关系的融洽而否定自己的目标、立场和原则。

（3）以回避方式处理冲突

回避是不独断也不合作。当人们采用这种方法时，就表现为既不追求自身的目标，又不追随对方的目标。事实上，他们甚至没有导致直接冲突的发生。领导者采用这种方式来处理冲突，通常有几方面的原因：他们也许是信奉传统的观念，认为冲突是有害的，所以在任何情况下都应该避免冲突；也许是更希望避免冲突所带来的影响（如压力等）。回避可能表现为巧妙地阻止问题的发生（避开问题）；也可能表现为重新安排时间，对有争议的问题进行讨论，直到达成共识；或者是从危险的处境中完全退出。

（4）以合作方式处理冲突

合作是一种以解决问题为中心的处理冲突的方法，它与回避冲突是相对立的。以这种方法处理冲突，要求冲突的当事人在共同工作解决他们的分歧时，要表现得既协作又武断。这种方法可以确保所有当事人所强调的目标都能获得完全满意的实现。合作经常涉及创造性地解决问题，并制定一种双方都能接受的综合的解决办法。这种方法要求冲突当事人一起工作，达到如下目的：明确问题；找出可能的解决办法；以几种一致同意的标准为基础，评价这种选择；决定一种解决的办法；实施这一决定并对解决的结果进行评估，以确保这一问题被圆满地解决。

（5）以妥协方式处理冲突

妥协是合作和独断的中间物。与合作方法一样，它也是一种以解决问题为中心的方法。采用这种方法的目的是找出一种互相都能接受的解决方法，以满足所有当事人的目标。正如这种方式的名字所显示的，这种方法是抗争与和解、合作与回避之间的一种折中。尽管妥协者愿意比抗争者牺牲得更多，但他们不愿像和解者那样，为了使冲突双方间的关系融洽而放弃所有的利益，而且妥协者也比回避者更愿意直接地面对问题，但在寻求互相满意的解决办法时，又逊于合作者。妥协可能会表现为互相让步、替代物的匀换（比如，如果我放弃这一目标，那么你必须承认另外一目标），或者通过一个调解人来和解。

一个领导者总会选择他自己喜爱的方法来处理其所面临的冲突。然而，正如每一剂良药都不可避免地有其副作用一样，每一种冲突的处理方法也都有其优势和劣势。因此，有效的高水平领导者应该根据实际冲突情况的不同，选择使用不同的处理方法，以使其效果最佳。

### 4.2.4 激发潜能的良方

工作过程中，有无成就感是决定一个人对本职工作热爱程度的关键因素。一个容易取得成就的岗位，带给人的是活力，是激情；而岗位本身的呆滞、机械、重复，往往会扼杀原本很优秀的人才。因此，从一定意义上说，作为领导者，一个最为根本的工作目标就是创造所属部门或机构的成就，激发部属从事这项工作的积极性。

（1）渗透理念，轮岗换位

一个优秀的领导者，应该深深懂得每一个机构的分量，并能将自己的理念渗透给该岗位的从业人员。这样至少能显示出领导者对该岗位工作的重视程度。当然，一个机构或单位总有其核心部门，绝大多数工作或业务是由这些核心部门的人员承担的。而一些辅助部门则承担相应较少或较不引人注意的工作任务。为使内部激发出活力与生机，就有必要形成轮岗换位的机制。若铁板一块，久而久之便如死水一潭，不见活水流动，必然不利于整体工作。

（2）善于交流，及时肯定

领导者与部属之间不能彼此隔绝，而应该经常交流、探讨，这样一来，既可以增进彼此之间的了解，又可以促进工作。集体内形成一种自然的亲和力，一种融洽而又富有人情味的环境，会给部属以极大的鼓舞。

（3）稳健授权，强化责任

成就感的取得，一方面来自于领导者的首肯，另一方面，也是最重要的一个方面，则来自于公众对这一部门乃至该岗位职责的趋同理解。当独立于该部门之外的社会公众对该部门的求助或期望值升高时，该部门员工的成就感就会相应地增加；相反，若社会公众对该部门的求助或期望值降低，该部门员工的成就感就会相应地减少。一个优秀的领导者必须充分挖掘并发挥本部门的最大职能、强化责任意识，积极而又稳妥地对本部门的各个工作机构进行授权，将本部门的强大职能分解到各个工作机构当中，从而给部属带来工作的刺激——这是对一个人工作能力、水平的最好检验，即只有在大量具体工作的实践过程中方能显出一个人的能量到底有多大。而就目前来讲，工作与权力相联系，只要工作正常运转，权力便会日益稳固。而越是如此，对具体的工作者来说，其成就感就越强。

（4）正视现实，公平相待

作为一个部门，设立一定的级别等级是十分必要的。按照一般理解，高一层次的职员，其经验及智力均是高于低一层次的。然而，当前的实际情况并非如此，一些部门主要领导者的工作能力及学历层次不及下属的大有人在，对此必须正视。采取的对策是：一个部门对外应以级别之高低而相应接待并处理各类事务；对内则应平等相处，共同提升，增强活力，而不可仍以对外之"外交面孔"对内，内部各级同事之间皆应公平相待，热诚相处，多搞活动，联系情感。此外，还应在薪金及奖励方面对公认的评估较为优秀的部属给予倾斜，这样才能调动员工的工作积极性，增强本部门或本机构的活力。

（5）防止怠工，培训升迁

在一定的纪律约束下，部属自觉、自愿、自动地参与是产生质量、效率、效益的基本条件，离开了这些基本条件，光有纪律约束也不会有多大作用，一个很现实的问题是消极怠工所造成的损失要大得多。一个明智的领导者，总能想方设法防止因部属情绪上的原因而造成的怠工。但这并不是靠一两条规定的出台就能做到的。有远见的领导者不能仅仅满足于维持最起码的管理秩序，而应力求建立起富有特色的竞争机制。单位能否给予部属一定的培训升迁机会，是部属能否对本职工作或单位的未来产生浓厚兴趣的重要一环。高明的领导者正是通过不断提供这样的机会，促使部属产生自我价值实现的冲动，从而达到自己欲求之目的。

### 4.2.5 理顺情绪的艺术

我们常说，事业兴衰，系于人心。人心顺了，一顺百顺；人心乱了，必有后患。作为领导者，要时刻密切关注、重视理顺下属的情绪，掌握下属的思想脉搏，切实做好稳定人心、鼓舞人心的工作，从而推动事业向前发展。

（1）要热心关注民情

关注民情，了解群众是理顺下属情绪的前提和基础。一方面，要掌握群众的思想脉搏，只有真正了解下属的所思、所想、所愿、所盼，才能对症下药，有的放矢地做好理顺下属情绪的工作。这就要求领导者经常深入基层，认真倾听下属呼声，热情关注下属情绪变化，不要因为下属的生活问题是"小事"就不屑一顾。"百姓之事无小事"，下属正是从领导者对他们身边的小事的关注、关心和关爱中，感受到上级对他们的关怀。下属是通情达理的，领导者只要与他们打成一片，关心他们，往往一件小事就可以把他们感化。

（2）要切实尊重民意

领导者对下属的意见要作认真的分析，去粗取精，去伪存真，避免被一些肤浅的，甚至是错误的意见所左右。在做出重大决策时，要坚持民主科学决策，即使下属支持的工作、拥护的事情，也要避免头脑发热，盲目行动，不能超越部门财力和下属的承受能力去搞达标、升级等形式主义的项目和形象工程，要"造福"下属而不能给下属"造孽"。要坚持办多数人受益的事，使越来越多的下属得到实惠，越来越多的下属心情舒畅；坚持办下属最急需的事，使下属意见最突出的问题得到及时解决，让受益者感到满足，暂时不受益者看到希望，这样就能提高大多数下属的前景预期，使下属对未来充满信心，始终保持一种不断追求、积极进取的精神状态；还要坚持办力所能及的事，使下属看到组织的努力，体谅组织的困难，形成艰苦奋斗、顾全大局的好风尚。

（3）要善于疏导民心

随着改革的不断发展，新的经济体制的建立和完善，以及社会竞争的激烈、利益摩擦的加剧，一部分人出现情绪波动，发生各类事端及矛盾是在所难免的。因此，要学李冰治水的经验，"深淘滩，低作堰"，理顺员工的情绪。

一要引导好积极情绪，要因势利导，把员工的积极情绪化做投身于改革和发展的动力。

二要善于转化消极情绪，对下属的片面要求，领导者要实事求是地向下属讲清当前存在的困难和问题，争取员工的理解和支持，单靠压服、处罚、打击是无济于事的。有些下属的意见本身是对的，但因反映意见的方式欠妥，情绪激动，就常常被视为"刁民"。下属这种急躁情绪，反映了下属要求解决问题的迫切心情，是对领导者充满信心的表现。作为领导者，一定要多从自己一方找原因，多做员工的疏导说服工作，努力把消极的情绪转化为积极的情绪。

三要拓宽下属发表意见的渠道，尽可能地反映民意，疏导民心，缓解矛盾，减少冲突，维护稳定。

四要不断改善风气。一个部门的风气好坏，可直接左右一方下属的思想和行为。理顺下属情绪，改善风气很重要。

# 4.3 管理不同下属的手段

俗话说，"林子大了什么鸟都有"，作为一个单位或部门的领导者，你手下这些"鸟"鸣叫的声音有高低，飞翔的距离有远近，食物要求也各有差异，那么怎样对待它们，才会真正地做到有的放矢，收到预期的效果呢？这要针对不同的人区别对待才行。

## 4.3.1 怎样管理老资格下属

在日常工作中，有些领导者不善于管理工龄比自己长、年龄比自己大的下属。他们有的在处理这些下属的问题时丧失了原则，有的对这些下属失去了控制，有的对这些下属的管理缺乏力度，结果给工作带来了不良后果。那么，作为领导者，如何才能管理好这些老资格呢？

（1）要有良好的人格形象

"身教重于言教"。在工作中，领导者要特别强调以人格力量影响下属，管理那些工龄、年龄比自己长的下属更应强调人格力量。由于受"论资排辈"等传统心理的影响，一些相对年轻的领导者往往被"老资格"的下属认为资历浅和缺乏经验，对他们常常有一种不信任感。如果年轻的领导者不注意自己的言行，放松对自己的要求，就会被认为"不知天高地厚"，从而容易被这些所谓"老资格"的下属看不起，降低了自己的威信。领导者必须时时处处严格要求自己，要求下属做到的，自己首先做到；要求下属做好的，自己首先做好，并积极出主意、想办法，帮助下属做好。要知道，良好的人格形象是赢得下属尤其是那些"老资格"下属信任与尊重的重要条件。

（2）要有谦虚的态度

一般来说，工龄长、年龄大的下属，都有比较丰富的工作经验，具有对本单位情况比较熟悉的优势。因此，作为领导者，要充分看到这些下属的闪光点，看到他们的特长，看重他们的经验，看清他们的优势，充分相信他们，遇事主动同他们商量，尊重他们的意见，虚心向他们请教，发挥好他们的作用，从而调动他们的工作积极性。

（3）要有宽广的胸怀

有些工龄长、年龄大的下属心理上不太容易平衡，对一些问题的看法易失之偏颇。有的受虚荣心影响，说话行事不愿意遵照上级领导的意图，喜欢另搞一套，以便表现自己；有的喜欢摆老资格，管得严一点，批评多一点，就要发脾气。碰到这些情况，领导要放下架子，主动找他们谈心，以宽广的胸怀待人，做到小事不计较，大事能论理。只要不是原则性问题，只要是有利于团结的，自己吃点亏也无所谓。

（4）要有一副热心肠

工龄长、年龄大的下属，自身的实际困难往往比较多，作为他们的领导者，应该主动去做工作，了解他们的困难，帮助他们拿出解决困难的办法，树立战胜困难的信心。在他们工作任务繁重或工作中遇到难题时，领导者要多关心、帮助他们；当他们生病或有其他实际困难时，领导者要主动去关心他们。领导者要靠一副热心肠去赢得这些"老资格"下属的心。

（5）要有坚持原则的公心

少数工龄长、年龄大的下属由于不能正确看待个人的成长和进步，平时抱怨多，有时还会犯这样或那样的错误。对这样的下属，领导者既要尊重、关心，更要讲原则，该批评的要批评，该处理的要处理；在批评处理时要充分发挥群众和组织的力量，以防止引发个人之间的矛盾；讲原则时还要注意出于公心，不搞特殊，不搞彼此有别，尤其在职务的晋升、工资奖金的评定、工作成绩的评估等敏感问题上，一定要充分发扬民主，坚持公平合理的原则，力求消除下属特别是工龄长、年龄大的下属心中的误会和不满。

"桃李不言，下自成蹊。"只要领导能够以身作则，身先士卒，就能赢得多数人的信服，让年长的下属在内心里承认你是一位好领导。

### 4.3.2 怎样管理原来是你上级的下属

当你走马上任时，你该如何对待那些曾经教育过你，帮助过你，提拔过你的原来的上级？曾经管你的人，现在又要听命于你，该如何开口？他们会嫉恨你吗？会不会说你"翻旧账"，"忘恩负义"？别人会怎么想，怎么说？这一连串的问题肯定会令你头痛。

下面为你提供一些意见，帮助你把握处理问题的火候。

（1）对他们做到足够尊重

无论怎样，你要做到对他们足够的尊重，即使是在他们某些行为过激的情况下，你也必须忍耐。尽量保持心平气和的态度与之交谈，不要因为自己一时按捺不住情绪而最后追悔莫及。他们毕竟是前辈，曾是你的领导，即使出现了特别严重的情况，你也要以最留面子的方式予以提醒。

（2）与他们保持一定的联系

正因为他们曾经是官居高位，才会让你有许多经验可以借鉴。工作上，不妨向他们多多请教，毕竟"姜还是老的辣"，对于他们的意见，你千万要仔细斟酌。如果你持的是否定态度，一定要拿出十分可信的理由来，否则固执的他们也绝对不会接受。生活中，你也可以与他们保持一定的私交。周末陪着他们出去钓钓鱼、聊聊天，也算是表示一下你对他们的关心，同时联络一下感情，让他们感觉到你仍是一如既往地尊敬他们，会让他们感觉欣慰一些。

（3）陈述对立意见

前面讲了，总会有些时候，你要以一个领导者的身份与原上级共事，尤其是在双方争论问题的时候，更要注意分寸，不要摆官架子。但这并不意味着你一定要遵从他们的意见，相反，你在充分掌握了正当理由之后，应该据理力争，对原则性问题丝毫不让步，并要有耐心、有信心说服他们服从命令。因为毕竟你是领导，也是最终的责任承担者，你理应有权支配整个事态的发展并享有最终决定权，这就是"理性大于情感"的时候。

（4）以大局利益为出发点

美国的一位教授作过一项调查，被调查的 75 家企业均为初创时相当成功，而传到第二代时却没落了。原因有二：其一是老爷子们在身心都不能再担当重任的时候仍然不能主动退位，或即使退了位仍在公司中颐指气使。其二，第二代年轻人怯于提出任何让位要求，他们担心受到打击，遭到别人的唾骂，结果最终使企业倒闭。

实际上，报答原上级的最好方法是继承他的意志，发展公司业务；而对于他个人也可以用其他手段来表示尊敬和重视。在某些极端情况下，当你和前任领导们关系处理得十分不融洽，并已经严重阻碍部门业务的时候，你就要认真考虑一下，为了公司的利益你是否要做些什么了。

### 4.3.3 怎样管理傲气十足的下属

管理傲气十足的下属，领导者必须充分了解此人傲在何处，狂在哪里，然后根据领导目的，采取科学的措施和办法使其傲有所伏，狂有所敛，并最终达到足可驾驭的目的。

（1）要用其所长，切忌压制打击

一般来讲，傲气十足的人，大都有所长，或地位高或有一技之长，否则，无本可"恃"，更无"傲"之本。领导者在管理这种下属时，首先要尊重他，绝不能为了压其傲气，将其撂在一边不予理睬。其次要有耐心，要视其所长用之。否则，不仅不能使下属正确地认识到自己的不足之处，相反，会使其产生一种越"压"越不服气的逆反心理，甚至因此与领导结下难解之仇，在工作上有意拆台，故意让他出丑。所以说，对傲气十足的下属，领导者只能正确疏导，发挥其长处，让他心情舒畅，为你所用。

（2）要有意用短，善于挫其傲气

俗话说，金无足赤，人无完人。任何人都有长处也有短处。傲气十足的人并非万事皆通，样样能干，充其量只是在某些方面或某个领域里才能出众、出类拔萃，他们在其他方面可能就不如别人。因此，领导者可以消消其傲气。

①趁安排工作之机，把难完成的任务交给他，并限时完成任务。

②工作时，借上级领导的名义指令他。

③在上级领导面前，让他多展示其不足和尴尬。

④有时该给的信息不给，让他工作起来费劲麻烦。

（3）要以大度容傲才

傲气十足的下属自命清高，眼高手低，也会常常因其疏忽大意而误事。在这种情况下，作为领导者，切不可落井下石，一推了之，要勇敢站出来替他担担子，使他感到大祸将临头，这时领导一言解危。这样，日后他在你面前不会傲慢无礼，甚至会对你感恩不尽，言听计从。

### 4.3.4 怎样管理自私自利的下属

自私自利型的下属处处以自我为中心，一事当前，总先为自己打算，以自我利益为最高利益。

领导者应对这样的下属时其技巧是：

①满足其合理、正当要求，使他认识到自己决不为难他，应该办的事情都会给他办。

②对于自私自利的下属的不合理要求，领导要委婉地摆出拒绝的各种原因，之后，巧妙地劝阻他不要得陇望蜀。

③办事公平。如果下级中有这样的人，领导者在制定利益分配计划时，要充分发挥下属的监督作用，将计划公布于众，使大家感到是在一种公平之中进行利益分配，这样便可避免他与自己纠缠。

### 4.3.5 怎样管理封闭型的下属

这种人自尊心强、敏感、多疑，特别注重他人的评价，唯恐他人或领导对自己有不好的看法。他们十分敏感，上级的一个不满的眼色也会令其心事重重。他常对人存有戒心，缺乏自我安全感，从不主动袒露自己的心思，心理防卫机制较强。

领导者应对他们的策略是：

①尊重而又欣赏。对这类人要充分尊重他的自尊心，不可流露轻视之意，要多欣赏他的才干，不要轻易否定他的努力及成绩，以真心博得他的好感与信任。

②切忌当面指责。对于安排给他的工作，领导要尽量少提建议。因为建议过多，会使他产生一种压迫感。他会觉得自己什么都不行，你不信任他。

### 4.3.6 怎样管理社会经验不足的下属

在领导的下属中，也许会有一些不懂事理的人，他不仅领会不了你的意图，还不时同你唱反调，甚至听信别人的挑拨，这是因为他的年龄、经验、阅历、个性、修养等多种原因造成的。

对这种社会经验不足的下属，领导者应坚持以下的交往原则：

①不要求全责备。对于下属的不足，要力求理智对待，要用"人无完人"的原则来对待他们。

②多找沟通的机会。领导者要与这种下属多沟通，把自己的思想与打算在自然的交往中渗透给他，使他逐步改变对自己的误会。

③适时进行指导。其实，这类人只是社会经验不足，领导应不失时机地向其传授经验，对他们进行积极而有效的指导。

### 4.3.7 怎样管理犯错误的下属

任何人都难免犯错误，从来不犯错误的人是根本没有的，所以领导者要想让每个下属的主观认识都完全符合客观实际，没有一点盲目性，始终不犯错误，那是不可能的。因此，每一位领导者都面临着如何对待犯错误的下属的现实问题。能否正确处理这个问题，是衡量一位领导者会不会用人，会不会教育人，会不会团结人，会不会调动人的积极性的重要标志。那么领导者应怎样帮助犯了错误的下属呢？

（1）具体分析，区别对待

下属犯错误的历史环境和主客观原因各不相同，错误也有性质和程度上的区别，例如有政治立场方面的错误，也有思想作风和工作方法方面的错误；有严重错误，也有一般错误；有盲目犯的错误，也有明知故犯的错误；有偶尔犯的错误，也有屡犯的错误等等。因此，对错误一定要作具体分析，区别对待。

（2）惩前毖后，治病救人

帮助犯错误的下属，要有与人为善的态度，而不能采取"落井下石"的方法。要从实际出发，是什么错误就说是什么错误，既不掩盖，又不夸大。领导者应当坚持和风细雨，充分说理，提高他们的觉悟，不要简单粗暴，无限上纲，以势压人。另外，一个人从认识错误到改正错误，总要有个过程，在他想不通的时候，不要硬逼着他检讨（当然不是不要检讨）。有时思想上出现一点反复也是允许的。只要把基本问题讲清楚就可以了，不要没完没了地检讨。倘若他犯的是一般性错误，而且对错误已有了深刻认识，有改正错误的决心，并已考虑到改正错误的方法，就更不应当继续责备他了，而应给予热情的关心和鼓励。

（3）宽大为怀，但要有度

对犯错误的下属，需要严肃，也需要宽容。所谓宽容，就是按照允许犯错误、允许改正错误的原则办事，对犯错误的人采取宽容的态度，实行从宽政策。特别是对于因大胆探索而造成失误，因经验不足而造成的失败，因出现复杂的新情况而造成的差错，更要宽容。如果下属一有失误就被撤掉，或遭受严厉责骂，下级就会失去锐气和才气，不敢再露头角，变成谨小慎微只求无过的人，对工作不敢进行任何创造，这样自然也不会取得成绩。但宽容不是无原则地迁就，不是宽大无边，而是在政策原则允许的范围内，尽量做到宽大为怀。

（4）思想工作，积极引导

有的下属一旦犯了错误，就陷入迷途，把自己孤立起来，认为"这可不得了"，"自己算完了"，从此一蹶不振，垂头丧气。遇到这类情形，领导者有必要找他本人坦诚交谈，帮助他解开因犯错误而终日紧锁的愁眉，使他懂得：一个人在工作中难免出现这样或那样的差错，这是谁都会有的现象，不要过分懊丧。

### 4.3.8 如何管理知识型下属

知识型员工具有很强的创新能力，他能帮助企业在千变万化的市场环境中赢得优势。然而，知识型员工的能力要在企业里发挥完全的作用还必须依靠一个重要的因素，即员工的忠诚。一个简单的公式说明了该问题，那就是：智力资本 = 能力 × 忠诚度。一个忠诚而没有能力的员工对于企业的发展不会发挥多么大的作用，然而，一个有能力但不忠诚的员工对企业的发展可能会造成很大的危害。部分知识型员工的败德行为会给企业带来严重的后果，例如泄漏重大技术诀窍和商业秘密，主观过错造成痛失有利商机，品质低下搞内乱等。即使不发生败德行为，这些流动性很强的知识型员工也会因为缺乏对企业的忠诚而离开企业，造成企业的人才流失。因此，管理知识型员工是每个领导者必须关注的问题。

（1）下放决策权

由于三大原因管理者应该下放决策权：首先，知识型员工具有较强的自主性，他们不仅不愿受制于物，而且无法忍受上级的遥控指挥，他们更强调工作中的自我引导；其次，知识型员工往往比领导更加专业，他们对自己的工作比领导者掌握得更多，更有能力做出正确的决策；最后，下放决策权满足了知识型员工被组织委以重任的成就感，而使他们对工作抱有更大的热情。因此，领导不应独揽大权，阻碍知识型员工发挥专长，否则不仅会扼杀知识型员工的创意和才能，而且会扼杀知识型员工的工作积极性。

领导者下放决策权时应遵守三大原则：

· 不宜过松，更不宜过紧。

· 下放决策权可以带来更好的效果。

· 领导者应帮助知识型员工改进不完善的决策。

（2）弹性工作制

如前所述，知识型员工具有自主性，他们不愿受制于一些刻板的工作形式，如固定的工作时间和固定的工作场所，他们更喜欢独自工作的自由和刺激，以及更具张力的工作安排。同时，知识型员工从事的是思维性的工作，固定的工作时间和固定的工作场所只会限制他们的创新能力。因此，组织应制定弹性工作制，在核心工作时间与工作地点之外，允许知识型员工调整自己的工作时间及地点，以便把个人需要和工作要求之间的矛盾降至最小。

（3）工作富有挑战性

与一般员工相比，知识型员工更在意自身价值的实现，并强烈期望得到组织和社会的认可。他们并不满足于被动地完成一般性事务，而是尽力追求完美的结果。因此，他们更热衷于具有挑战性的工作，把克服困难看作一种乐趣，一种体现自我价值的方式。

要使工作富有挑战性，除前面提到的下放决策权外，还可以通过工作轮换和工作丰富化来实现。

当知识型员工觉得现有工作已不再具有挑战性时，领导就可以把他轮换到同一水平、技术相近的另一个更具挑战性的岗位上去，这就叫作工作轮换。工作轮换能够丰富知识型员工的工作内容，减少知识型员工的枯燥感，使知识型员工的积极性得到增强。

工作丰富化是对工作内容和责任层次基本的改变，旨在向知识型员工提供更具挑战性的工作。工作丰富化是对工作责任的垂直深化，它使得知识型员工在完成工作的过程中，有机会获得一种成就感、认同感、责任感。在实施充实工作内容的过程中，应遵从下列五个原则：

· 增加工作的责任和难度。

· 赋予知识型员工更多的责任。

· 赋予知识型员工自主权。

· 将有关工作业绩及时反馈给知识型员工。

· 对知识型员工进行必要的培训。

（4）双重职业途径

在知识型员工当中，一部分人希望通过努力晋升为领导者；另一部分人却不愿成为领导者，只想在专业上获得提升。为了满足两种不同的需求，组织应该采用双重职业途径的方法。双重职业途径允许对组织有贡献的知识型员工升迁到管理层或技术层，并且他们在每个层次上的报酬都将是可比的。

（5）实现无缝沟通

沟通对于企业提高知识型员工忠诚度具有重要的意义。首先，沟通能对知识型员工起到激励作用。领导通过知识型员工的业绩反馈来强化知识型员工的积极行为，这就是强化激励作用；领导通过知识型员工的目标完成状况的反馈来激励员工向组织目标前进，这就是目标激励作用。

其次，沟通有利于知识型员工的情绪表达。对于知识型员工来讲，工作群体是主要的社交场所，知识型员工通过群体沟通来表达自己的挫折感和满足感。因此，沟通提供了一种释放情感的情绪表达机制，并满足了员工的社交需要。

最后，沟通满足了知识型员工的知识和信息需求。在良好的沟通环境下，全体员工知识共享，信息交流畅通无阻，知识型员工既是知识和信息的提供者，又是知识和信息的吸收者，他们彼此学习，互相提高。

（6）关心员工

关心知识型员工从而获得知识型员工对企业的长期忠诚是一种行之有效的方法。

首先，领导应该关心知识型员工的健康状况。由于知识型员工从事的是脑力劳动，缺乏应有的锻炼和娱乐，因此，长期下来健康状况就会受到威胁。所谓"身体是革命的本钱"，没有健康的身体，知识型员工也无法很好地从事工作，所以领导应该关心知识型员工的健康，在工作之余为知识型员工提供一些户外活动或者娱乐节目，让员工身体能够得到及时的"充电"。

其次，领导应关心知识型员工的家庭生活状况，要尽力帮助知识型员工达到工作和家庭相互平衡。

最后，领导应关心知识型员工的个体成长。在知识经济时代，知识更新特别快，能干的员工并非永远能干，员工的技能随时间的推移会老化。而知识型员工本身也更注重个体成长而非组织目标的需要。基于此，领导应加大对知识型员工培训和开发的投资，为知识型员工提供受教育和不断提高自身技能的学习机会，从而使他们具备一种终身就业能力。当知识型员工感觉在某领导者手下会有很好的发展前景时，他自然会忠诚于这个领导者。

### 4.3.9 怎样管理不服从领导的下属

所谓不服从领导的人，是相对于听话者而言的。不论哪个单位，总会有个别不太听话、不好领导的人。当领导者遇到这种情况时，一定要冷静理智，分析原因，摸清情况，对症下药。一方面要敢管，另一方面又要善管。倘若下属处处与你对着干，你说东他偏往西，不仅影响工作，还会损害威信。因此，管好难管的人是领导工作中遇到的一个棘手问题。对于如何管理难管的人，有关社会学家认为有四点需要注意。

（1）要摸清原因，对症下药

凡事皆有因。一般而言，下属不服管有五种情况：一是个性太强，桀骜不驯，性格使然；二是某一方面胜过上司，自以为有才而不服人管；三是素质不高，以无所求者自居，不听调遣；四是对领导者有成见，有意与领导者作对；五是遭受不公，由怨而起。要管好难管的人，首先要摸清他们的秉性、脾气、特长和弱点，分析其是思想素质问题，还是干部使用和待遇不公问题。如果是领导者自身的问题，就要多进行思想教育，使难管者明白道理，增强服从意识；属于使用待遇上的问题，就要想办法解决其正当要求，一时解决不了的要做耐心细致的思想工作，消除其埋怨情绪；属于成见方面的问题，就要多沟通，以消除误会，求得理解；属于领导者德能方面的问题，领导者就要想办法尽快提高自己的思想素质和业务水平，以出众的才能和人格魅力赢得难管者的认可。

（2）要以柔克刚，切忌硬碰

对于难管的下属，领导者不能简单行事、以势压人，更不能居高临下凭借权势使对方屈服，那样只会引起逆反心理，造成对立情绪。动辄一味指责、横加批评，只会使事情变得更加糟糕。恰当的方法应当是避其锋芒，采用迂回方式，坚持以理服人、以情感人、以诚待人。工作上要信任，敢于放手；生活上要多加关心，帮助其解决一些困难；感情上要多交流，沟通思想，换位思考。切忌因下属不服管就不理睬、不关心、不尊重，要力求做到一碗水端平、处事公道。人都是有感情、有思想的。俗话说，精诚所至，金石为开。领导者的情到了，义到了，礼到了，以诚相见，以心换心，就会使不服管的人放弃对立，心悦诚服。

（3）要刚柔相济，恩威并用

对难管的人硬管不行，放任管理更不行，必须因势利导、刚柔相济。现实中，有些领导者怕得罪人，对不服管的人迁就，不敢管、不愿管、不善管，致使少数难管的人有恃无恐，我行我素。必须明确，领导者的职责是管好每一个人，不管便是失职。对那些难管的人，不仅要理直气壮地管，而且还要管好，尤其在原则问题上绝不能含糊。该批评的要敢于批评，该告诫的应及时告诫；姑息迁就就是放纵，最终会收不了场。

对不服管的人要晓之以理、陈之以害，同时，要讲究方式，注意策略，不可鲁莽行事。要动之以情，多关心、多谅解、多宽容，善于发现难管的人身上的"闪光点"。需要指出的是，有些领导者对难管的人一味采取"冷处理"的办法，久而久之，会使难管的人更加生怨，最终使双方关系越闹越僵。

（4）要完善自己，增强魅力

在导致少数人难管的因素当中，领导者自身的问题是造成下属不服管的一个重要原因。这就要求领导者在碰到难管的人时，要多从自己身上找原因，多作自我批评，多剖析自己，少指责别人，这是领导者应有的品格。当下属不服管时，领导者要反思，是不是自己的能力不如下属，是不是自己的品德不佳，是不是下属有成见或误会，是不是自己处事不公。要通过检查，发现自己存在的不足。领导者要让人信服，要管住别人，要让他人听你召唤，就要有让人服从你的资本。光靠权力管人作用有限，要充分发挥非权力影响力的作用，增强个人魅力，靠人格魅力、能力魅力来管人，使下属乐于听你的，心甘情愿服从你的领导。

# 五、说服能力修炼

　　当下属对某些事情看法不一致的时候，领导者为推动工作的进展，就必须对下属做好说服工作，从而达到统一思想和统一组织目标的目的，所以，说服能力是领导者提高组织效率和统一组织意志不可或缺的能力之一。

leadership

# 5.1 说服的原则和方法

领导者在解决矛盾纠纷、统一思想认识时，若说服多于强制，协商多于命令，其结果是人际关系和谐，人心团结向上，社交往来活跃；反之，则人际关系紧张，貌合神离，组织涣散。因此，遇有矛盾分歧，领导者应尽可能多运用说服艺术。

## 5.1.1 说服的原则

说服人首先必须尊重人，尊重人的人格，尊重人的需求，尊重人的愿望。只有让对方在某些方面得到了不同程度的满足，才有可能被说服，才有可能按照领导者的意志行事。

（1）要找到对方的需要和动机

因为人的任何行为都是有一定的动机的，而动机又是由需要决定的，所以要做好说服工作，就先要找到下属的需要和动机。

（2）利益在先，道德在后

不管讲什么事，要想说服人，就应该有意识地把下属的利益摆在前头，并要联系他们的利益去讲道理，这样才能收到好的效果。其实，说服的利益原则，应该是做好说服工作的起点和归宿。

（3）留有选择权

不管你的权威多大，人们都不喜欢受到强迫，这就是人的一种保护自身自由的心理。所以一方面，要给下属选择结果的余地，领导者可以指明方向、创造条件，但要由下属自己去选择行为的结果；另一方面，即便是我们在为下属选择结果，也应该让他们产生是自己在选择结果的心理和认识。

## 5.1.2 说服的基本方法

（1）用高尚的动机来激励下属

在一般情况下，每个人都崇尚高尚的道德、正派的品格，都有起码的工作原则和做人标准。因此，在说服下属转变看法的时候，一个有效的办法就是，用高尚的动机来激励他。比如说这样做将对国家、公司带来什么好处，或将对家庭、对子女带来什么好处，或将对自己的威信有什么影响等等。这往往能够很好地启发下属做应该做的事。

（2）用诚挚的感情来感化下属

当一个人被说服的时候，他最担心的是可能要受到的伤害，因而在思想上先砌上了一道墙。在这种情况下，不管你怎么讲道理，他都听不进去。解决这种心态的最有效的办法就是，要用诚挚的态度、满腔的热情来对待他，在说服下属的时候，要用诚挚的感情来感化下属，使他从内心受到感动，从而改变自己的态度。

（3）通过交换信息促使下属改变观点

实践证明，不同的意见往往是由于掌握了不同的信息所造成的。有些人学习不够，对一些问题不理解；也有些人习惯于老的做法，对新的做法不了解；还有些人听信误传，对某些事情有误解，等等。在这种情况下，只要能把信息传给他，他就会觉察到自己的行为不像原来想象的那么美好，进而采纳领导者的新主张。

（4）激发下属主动转变意愿

要想让下属心甘情愿地去做某件事，最有效的方法不是谈你所需要的，而是谈他需要的，教他怎么去得到。所以有人说："撩起对方的急切愿望，能做到这一点的人，世人必与他同在；不能的人将孤独终生。"

探察下属的观点并且在他心里引起对某项事物迫切需要的愿望，并不是要操纵他，使他做只对你有利而不利于他的某件事，而是要他做对他自己有利，同时又符合你的想法的事。这里要掌握几个环节：一是说服人要设身处地地谈问题，要把别人的事当做彼此互相有利的事来对待；二是在促使他行动的时候，最好让他觉得不是你的主意而是自己的主意。这样他会喜欢，会更加主动和积极。

（5）用间接的方式促使下属转变

说服下属时如果直接指出下属的错误，他常常会采取守势，并竭力为自己辩护，因此，最好用间接的方式让下属了解应改进的地方，从而让他达到转变的目的。如把指责变为关怀，用形象的比喻来加以规劝，避开实质问题谈相关的事，谈别人的或自己的错误来启发他，用建议的方法提出问题，等等。这就要靠领导者根据实际情况创造性地加以运用。

（6）提高下属"期望"的心理

被说服者是否接受意见，往往和他心目中对说服者的"期望"心理有关，说服者如果威望高，一贯言行可靠，或者平时和自己感情好，觉得可以信赖，就比较愿意接受他的意见。反之，就有一种排斥心理。所以作为领导者，平时要注意多与下属交往，和他们建立深厚的感情，这样一来，在工作的时候就能变得主动有力。

## 5.2 说服的步骤

美国的一位心理学家总结了有效说服别人的四个步骤，这主要是从满足对方需要的角度来考虑的。

### 5.2.1. 揣摩对方内心

通过提问，可以引导被说服者去发现问题的症结所在，也可以引导他们提出解决问题的方案。因此，提问是相当重要的技巧。

（1）清晰化

问题一般是针对对方的讲话而发的。事实上，这类提问的意图不外是：我已听到你的话，但我想验证一下你的真实意思。以清晰化为目的的提问，是反馈的一种形式，它可以使说话人的意思变得更加明了。

（2）将问题加以扩展

你提问题的目的就是想知道更多的信息，比如对方优先考虑的事情是什么。事实上，你这样提问题就等于告诉对方：我理解你的意思，但我想知道得更多些。

（3）转移话题

有一类问题在转移话题时很有用。在你这样提问的时候，你实际上是在说：我对你这方面的想法已很清楚，让我们换个话题吧。通过这样的提问，航船就会转舵到更加顺水的方向上去。因此，对方的回答使问题不断扩展下去，但扩展到一定程度，你就得用转向提问去改变话题。

你的见解要与下属的需要、愿望、目标相结合，要时时注意从别人那儿得到反馈，这样你就会成为一名强而有力的说服者。你要时时揣摩对方的需要，不断促使他显露出需要差距，这才是至关重要的第一步。

### 5.2.2 选择说服方法

说服下属的时候，存在着多种解决问题的方法。在多数情况下，你会与对方一道，着手寻找缩小差距的途径。如果是大家一起商量出了解决办法，那么对方就不会袖手旁观，而你也就用不着独自苦思冥想，用不着把自己的想法费尽口舌地硬塞给对方。

建立相互尊重、相互信赖的人际关系很有助于说服。按照管理学家和演讲家戈登·薛的说法，信赖乃是"有序生活中的奇迹般的因素——减少摩擦的润滑剂，游离分子的黏合剂，互助行为的催化剂"。

关键之点还在于，你需要让对方知道，这事也有他的一份；你不能对对方进行强迫和压制。强迫别人照你说的去做，可能会一时奏效，但从长时间去看，你会得不偿失。

### 5.2.3 建立说服方案

如果你做的是简单的推销，一句"是"或"不是"就解决问题，此外更无须再费什么口舌，那么事情当然好办。但如果问题头绪繁多，事情要分阶段分步骤去做，那么你就得在程序上取得共识。

在有些下属看来，你的观点、你的产品和你的目标都不错，但可惜都不在他们优先事项之列。这时候，做到知己知彼就很重要。你为什么觉得那样做有价值？对此你越是解释得好，你就越能拨动下属的心弦。

此外，要想说服下属，你还得帮助下属把那些他们认为最有价值的优先事项清理出来。在揣摩阶段，是你调查下属优先事项的绝好时机。只有这样，你的观点、产品和目标的内在价值，才能与下属的优先考虑事项相互适应和相互配合。

### 5.2.4 保持彼此经常接触

在美国加州硅谷，在这个美国众多高新技术公司激烈角逐的地方，流行着这么一句格言："衡量不了，也就把握不住。"那些计算机公司领导们也总是这么说，高新技术占领市场瞬息万变，做到眼明手快相当重要，你要毫不迟疑地抓住那些信息和数据。

这一点对我们也是一个重要启示。事实上，对于未来之事往往没有固定的看法，他们常常超出自己的预期。因此，你首先应该做的就是帮助他们把产品成功之处明确起来，如投资多少，使用寿命有多长，保修年限是多少，要尽量把它们数字化，要尽量说得具体一些。

只有等到对方点了头之后，你的说服和影响工作才算是做到家了。作为说服工作的第四步，就是要与对方经常保持接触，直到弄清楚他们需要什么，他们怎样看问题为止。

## 5.3 培养说服能力

说服能力既是一种语言表达能力，也是一种思想驾驭能力，更是一种心理掌控能力。领导者要培养说服能力，应该从以下几个方面着手。

### 5.3.1. 让你的话具有说服力

领导者要想说服别人首先必须用的是语言，那么，要让你的语言具有说服力，必须做到以下几个方面：

①要以权威的腔调讲话。为了达到这个目的，你必须熟悉你讲话的内容，你对你的题目了解得越多、越深刻，你讲得就会越生动、越透彻。

②使用简单的词汇和简短的句子。最简洁的文章总是最好的文章，其原因就是它最容易理解，关于讲话和对话也可以说是同样的道理。

③使用具体和专门的词汇。

④避免使用不必要的词汇和说一些没有用的事。

⑤说话要直截了当而且中肯。如果你想在你所说的各种事情上都取得驾驭人的卓越能力，一个最基本的要求是：集中一点，不要分散火力。相信你肯定会击中靶心。

⑥不要夸口。不但永远不要夸口或者言过其实，而且在陈述你的情况时还要动脑筋为自己留有余地，这样你就不必担心会遇到什么责难。

⑦对待听众不可盛气凌人。即使你可能是你要讲的这个专题的权威人士，你也没有任何理由盛气凌人地对待听众。或许有某个人在这个方面比你更精通。

⑧要有外交手腕及策略。圆滑老练是指在适当的时间和地点去说适当的事情又不得罪任何人的一种能力。尤其是当你对付固执的人或者棘手的问题时，你更需要圆滑老练，甚至使用外交手腕。

⑨要为你的听众提出最好的建议，不要为你自己提出最好的建议。如果你能做到这一点，那么谁都没有办法从你的脚下抢走一块地盘，你也就永远立于不败之地。

⑩要坦率而开诚布公地回答所有问题。如果你能按照前面给你列出的九项提示去做，你就会自然而然地做到这一条。

### 5.3.2 让你的建议变成下属的建议

如果你率直地指出某一个人不对，不但得不到好的效果，而且还会造成很大的损害。你指责别人不只是剥夺了别人的自尊，而且使自己成为不受欢迎的人。

作为领导者，如果你想让一个人的工作方法有某些改变，或者你想让他接受一种新思想，但碰巧这个人是那种非常固执的人，他很难接受别人的建议，不管那种建议是如何好，他就是认为自己的思想是最有价值的，你怎样才能使这种人改变原有的思想观念，按照你的思想方法做事呢？

你可以采取"你播种，他收割"的办法，让他认为这种新想法完全是他自己想出来的，以此凸显他的主观能动性和预见性，这样对双方都有好处，他会感到自己的工作更重要、更安全，而生产效率也得到提高，这是领导者所期望的。但是，这种方法需要领导者多一点时间和耐性，要慢慢地去做，切勿急躁。

### 5.3.3 让下属无条件地服从你的命令

要让人听命于你，你必须找出可以让他百分之百服从你的隐秘动机。

如果能够找出对方需要什么，然后告诉他听命于你即可得到它，你便胜券在握了。

你可以运用以下三种方法分阶段让对方进入状态，无条件地服从你的命令。

①称赞。承认其工作，确认其价值。假如你想让对方为你全力以赴，假如你想让他绝对听你指挥，就要称赞他，告诉他干得如何出色，你多么需要他，你是多么离不开他，有他在你手下你是多么高兴。称赞是让人感到自身价值的最快捷、最可靠的方法，也最为经济，因为称赞他人的工作根本不费吹灰之力。

一旦你把自己对对方的赞赏和承认传达给他，那么，他不仅会不打折扣地听你指挥，而且几乎会对你唯命是从。

②让下属清楚他的工作为什么重要，对全局的成功有何贡献。如果他了解其工作的目标和在总体计划中所起的作用，他对工作会有更大的兴趣。

③给下属情感保障。如果下属经常担心失业、降级、停职或受某种处罚，他就不可能发挥其全部才能。恐惧和威吓不会有最好的结局。恐惧导致仇恨，而下属一旦对你怀恨在心，就再也不愿听你的指挥了。

### 5.3.4 用婉求代替央求，用诱导代替劝导

在运用这一策略的时候，要注意的是：诱导别人参与自己的事业时，首先应当引起别人的兴趣。

当你要诱导别人去做一些很容易的事情时，先得给他一点小胜利。当你要诱导别人做一件重大的事情时，你最好给他一个强烈刺激，使他对做这件事有要求成功的需求。在此情形下，他的自尊心被激起来了，他已经被一种渴望成功的意识刺激着，于是，他就会很愉快地答应再尝试一下了。

总之，要引起别人对你计划的热心参与，必须先诱导他们尝试一下，可能的话，不妨先使他们从做容易的事情入手，这些容易成功的事情，在他们看来，往往是一种令人兴奋的真正的成功。

### 5.3.5 让你的批评更有技巧

①以客观、严肃、平静的方式面对员工。领导者通过自由、轻松、非正式的方式处理问题，有利于促进人际交往活动，因为在这种情境下员工会感到无拘无束。但是，批评的实施与这种情境完全不同。因此，作为管理者的领导者应尽可能地避免愤怒或其他情绪反应，而应以平静的、严肃的、客观的语气来表述自己的意见。

②指明问题所在。当你与员工坐在一起时，要明确指出你有具体针对这一问题的有关记录，向当事人出示违规发生的日期、时间、地点、参与者及其他任何环境因素；要用准确的语言来表述和界定过失，而不要仅仅引证组织的规章制度或劳动合同。你要表达的并不是违反规则这件事情本身，而是违规行为对整个组织绩效所造成的影响。要具体阐明违规行为对员工个人的工作绩效、对整个单位的工作绩效以及对周围其他同事所造成的不良影响，以解释这一行为不应再发生的原因。

③讨论不针对具体人。批评应指向员工的具体行为而不是他的人格特征。比如，一名员工多次上班迟到，领导者就应向他指出这一行为如何增加了其他人的工作负担，他的这一行为会影响整个部门的工作士气等，而不要一味地指责此人自私自利或不负责任。

④允许员工陈述自己的看法。无论你有什么样的事实或证据支持你的谴责，正确的工作方法应该是：给当事人一个机会陈述自己的看法。从当事人的角度来看发生了什么事？为什么会发生？他对组织规则、管理条例和组织环境是怎样理解的？如果在违规方面，你与当事人的观点差异很大，你就应该做进一步的调查。

⑤保持对讨论的控制。在人际交往中，人们都希望鼓励开放式的对话，希望抛开控制而制造一种双方平等的沟通气氛。但在实施批评时却不一样。这是因为，违规者会利用一切机会将你置于守势。也就是说，如果你不进行控制，他们就会控制。对员工的批评就是在权力基础下的活动，

要想巩固组织准则和规程就必须进行控制，既要让员工从自己的角度陈述所发生的事情，还要抓住事实真相，不要让他们干扰你或使你偏离目标。

⑥对今后如何防范错误达成共识。批评应包括对错误改正的指导。在批评中，要让员工谈谈他们今后的计划，以确保这类违规行为或过失不会再犯。对于严重的过失或违规行为，要让他们制定一个改变此行为的计划，然后安排出以后见面的时间表，以便于评估他们每一次的进步。

⑦逐步选择批评程序，并考虑环境因素的影响。选择什么样的惩处手段是十分重要的。如果某种违规行为重复发生，处罚就应该逐级加重。一般情况下，批评活动以口头批评为最轻，而后依次为通报批评、暂时停职、降职或降薪，最严重的则开除处理。需要强调的是，你所选择的惩处措施应该是公平而一致的，这意味着你需要考虑到环境因素。如这一问题的严重程度有多大？对这一违规事件，员工在多大程度上曾被警告过？他过去是否有过类似的违规行为？对于这一类问题的了解能够确保我们在处理过程中考虑到环境因素的影响。

# 六、激励能力修炼

　　领导者要充分了解员工的意愿、情绪，掌握尺度，把握时机，做到因人而异、因事而异、因时而异地激发员工的工作潜能。只有这样，才能保证激励措施更富有激浊扬清、奖勤罚懒、催人上进的意义。

leadership

# 6.1 领导者实施激励的原则

激励，就是领导者为满足员工的需求，尽力发挥员工的潜力，多方激发员工的向上精神和劳动积极性，把员工凝聚在自己的周围，为企业献计出力，形成一种热情积极的工作局面。

领导者的激励操作就是调动下属积极性的工作过程，其目的在于：激发人的正向动机，调动人的积极性、主动性和创造性，充分发挥人的作用和潜力。一般来讲，领导者激励下属时，应当把握以下原则。

## 6.1.1 满足实际需要原则

领导者激励操作的过程，就是根据客观存在的需要，施以相应的刺激和鼓励，从而调动人们的积极性，达到激励的效果。这就要求领导者必须坚持实事求是的原则，不断满足和引导人们的实际需要。

## 6.1.2 公正公平合理原则

人们的工作动机和积极性，不仅受到他所得到的绝对报酬的影响，而且还受到相对报酬的影响。当一个人把他的报酬与贡献的比率同他人的比率作比较时，如果比率相等，就会认为公平合理而感到满意；否则就会感到不公平、不合理而影响工作情绪。这种比较过程还包括同本人的历史作比较。比如：

①成果与投入在相当程度上偏离上述参照系的比率，觉得自己在工作上的投入与他人从工作上得到的结果相比较，二者不相称。

②认为自己比别人干得多，却和别人得到同样报酬甚至拿得比别人还少。应该看到，在现行体制中确实存在着能力相同、贡献相同而待遇不同的现象。分配不公挫伤了人们的积极性，助长了社会不良风气，影响了安定团结。当然，要做到完全满足需要也是不现实的，达到完全平均也是不可能的。只要领导者从思想上认识到公平合理原则的重要意义，杜绝不正之风，公道正派行事，就一定能够得到下属的理解与支持，调

动大家的积极性。

### 6.1.3 适时适度适当原则

领导者在激励操作过程中，要想做到掌握分寸，恰到好处，必须善于捕捉时机。古人曰："机不可失，时不再来。"激励也是如此。尤其是物质激励要适度适当，既不能过高，也不宜过低。过低，起不到激励的作用；过高，又会产生"金钱万能""厚赏励勇"的思想，从而削弱物质激励的作用。因此，领导者应根据激励对象的贡献大小，根据不同时期、不同内容、不同目的确定适当的奖励标准，保证奖励"恰如其分"；同时，对做出特别贡献的可适当进行重奖。只有觉得自己对社会的贡献与社会给予的奖励一致时，才会产生激励作用，激发工作干劲。

### 6.1.4 效果最大化原则

激励的根本目的是追求最大的正效应，充分调动人们的积极因素，广泛约束人们的不良行为，把潜在的生产力转化为现实的生产力，使群体充满生机和活力，形成向心力、凝聚力。激励的有效性就是看激励的最终目的能否达到，这就要求从几方面进行考察：一是激励的条件或标准的确定。如果条件或标准定得过高过严或过低过松，都会影响激励效果。过高过严，会产生心理需要未满足的失望情绪；过低过松，会产生廉价满足需要的情况，降低激励效果。二是激励类型的选定。领导者要从客观实际出发，采取灵活措施，把握人的现实需要及满足程度，运用多种激励方式，不可机械地搞一种模式。三是激励范围的划定。要达到激励的正效应，就需剔除激励中的平均主义和"大锅饭"，防止激励贬值。四是对激励对象的宣扬。没有一定的形式和声势，就不能产生对整个群体的应有的正效应；如果搞形式主义，夸大其词，会产生抵消激励的负效应，同样就达不到预期目的。

### 6.1.5 科学严肃认真原则

激励方法运用得适当与否，不仅影响领导者个人形象，而且会影响群体组织的形象。因此，从一定意义上讲，激励的效果高低完全取决于领导者运用激励的严肃性。为把握运用激励的科学性、严肃性，忌弄虚作假，明争暗斗，拉关系，走后门，搞照顾。同时要发扬民主政治的作用，听取群众意见，选准激励对象，使大家真正口服心服，达到激励效果的长久性、科学性和合理性。

# 6.2 领导者激励下属的策略

奖赏和惩罚是领导者手中的一把双刃剑。领导者必须掌握奖赏和惩罚的方法与分寸，做到"有功则赏，有过则罚"，进而激励下属为实现组织目标而努力奋斗。通常领导者激励下属的方法有如下几种。

## 6.2.1 目标激励

目标激励通常的做法是，领导者根据形势和任务的要求，首先制定一个既振奋人心，又切实可行的目标，然后运用各种手段广泛深入地进行宣传，使下属清楚地了解这个目标，明确自己在实现这个目标的过程中应做哪些工作，从而自觉地为实现这个目标而努力奋斗。在运用目标激励时，领导者要注意使所设定的目标具有实现的可能性。这是因为激励理论认为，要使目标发挥最大的激励作用，就必须使目标本身有重要的意义和实现的可能性。这种正比例关系可用以下公式来表示：激励作用 = 目标意义 × 实现可能性。从这一公式中可以明确看出，目标意义和实现可能性越大，激励作用也就越大，反之亦然。如果某一目标所具有的意义很大，但实现起来非常困难或根本无法实现，其结果只能是"画饼充饥"，很难起到激励作用。

## 6.2.2 榜样激励

所谓榜样激励法，就是领导者通过树立鲜明、生动、具体、形象的学习榜样，来激发下属的上进心和荣誉感。通常的做法是，领导者在工作和生活中，根据工作任务和本单位实际情况的需要，树立那些比较全面或在某一方面表现突出、有重要贡献的先进模范人物为榜样，引导和号召下属向他们学习，并努力去仿效和超越他们，从而使下属的工作积极性和创造性得到充分激励和发挥。

在运用榜样激励法时,要注意解决好以下几个问题:一是选择榜样时,要具有普及性和针对性。领导者在大范围内树立的榜样应具有普遍指导意义,在基层单位树立榜样,则要有利于指导本单位的工作;二是树立榜样要实事求是,既不能因某种需要而人为地"揠苗助长",也不能人为地保着"榜样不变";三是要克服主观随意性,防止"榜样跟着领导跑";四是要引导下属一分为二地看待榜样,要学其所长,避其所短,防止机械地或形式主义地去模仿、学习榜样。

### 6.2.3 有效褒奖激励

表扬和奖励作为一种对人们行为的评价,在行为前它具有反馈作用,即提示和引导人们的行为;在行为后有正反馈作用,即鼓励人们保持和发展这种行为,驱使人们向先进学习。表扬和奖励既是一种行为评价,同时也是一种良好的教育方法。领导者通过对下属的良好的思想和行为给予及时的表扬和奖励,来激发他们的积极性、创造性、主动性,从而使被褒奖者的行为得以保持和发扬,使未被褒奖者积极向先进学习,达到先进的目标。

各级领导者在实施褒奖时,首先应贯彻"精神鼓励与物质鼓励相结合,精神鼓励为主,物质鼓励为辅"的激励原则,不能搞"单打一";其次,要注意实事求是和恰如其分,不能滥奖,不能靠奖励来刺激情绪,更不能拿奖励"送人情";最后,要引导下属正确对待表扬和奖励,帮助他们克服嫉妒心理和骄傲自满情绪,以利于形成良好的竞争气氛。

### 6.2.4 危机激励

一根处于松弛状态的弹簧,给它加上一定的压力就可以使它弹起来。这种在外力作用下能够向相反方向弹起来的特点,就叫作弹性。弹性是一种具有普遍性的物理现象,许多物体和事物都具有一定的弹性,人的心理也是一样。人的心理弹性和某些具体物体的弹性还有所不同,它既可以被压发,也可以被引发。所谓引发,是指激励理论中的正向激励,本节所论述的另外几种方法都属于正向激励。所谓压发,就是指与正向激励相反的反向激励。正向激励虽然与反向激励的方向不同,但目的都是一致的，都是为了启发和调动人们的积极性和进取心。

压发激励法，顾名思义就是指领导者通过向下属的心理施加反向的负刺激，来激发他们的自尊心和荣誉感的方法。其通常做法是，领导者针对下属争强好胜的心理状态，有意识地直接或间接地向下属表达诸如怀疑、否定之类的信息，适度地触动他们的自尊心，使他们从内心产生一种保持自尊的强烈意念，驱动他们用自己的富有积极性和创造性的行动来否定外来的负面信息。这类似于通常所说的激将法。两者的相同之处都是用否定的言行去激发他人的自尊心和争强好胜心；不同之处是两者的激发目的和对象不同。领导者使用反向激励法的目的是为了激励，使下属产生一种奋发向上的力量；激将法则既可激励，也可激怒，而激怒下属是不会收到好的教育效果的。

领导者正确运用反向激励法，可以收到事半功倍的效果。但是，由于这种方法只适用于自尊心和逆反心理比较强烈的下属，并在具体运用中具有一定的技巧性，因而在实际工作中受到一定的局限，领导者不可滥加使用。否则，将会因使用不当而产生负面作用。

### 6.2.5 文化激励

每个人都有一种对文化思想的心理需求，这也是管理者建立企业文化的动因之一。文化激励是利用人的荣誉感、成就感、被尊重和被承认的欲求而建立的一种激励机制。

（1）通过评比竞赛激励

有比较才有鉴别。比较的方法可以分为许多种，评比是比较，竞争也是一种比较。所谓评比，是通过检查比较来评定出先进与落后；所谓竞赛，是有竞争性的比赛方法。其具体做法是：评比竞赛之前，拟订好具体的标准和实施细则，提出明确的要求，做好宣传鼓动工作；评比竞赛过程中，以事实为依据，坚持标准，客观衡量，秉公办事，评比竞赛之后，认真及时地做好各类人员的思想工作，鼓励先进更先进，帮助后进赶先进。

"人往高处走，水往低处流"，争强好胜，不甘落后，是人们共有的一种心理状态。因此，领导者通过评比竞赛能够激发和深化下属的竞争意识，充分调动下属工作的积极性和创造性，有力地推动各项工作的顺利完成。需要注意的是，评比和竞赛不能过于频繁，要突出重点，注重实效，避免流于形式。

（2）以集体荣誉来激励

荣誉是精神奖励的基本形式，它属于人的社会需求方面，是人贡献于社会并得到承认的标志。荣誉可分为两大类：即个人荣誉和集体荣誉。由于荣誉和人的理想志向比较接近，因此，无论个人荣誉还是集体荣誉，都能激发调动人们的积极性。从激励的效果来看，集体荣誉所激发的力量是一种合力，这种合力要大于个人荣誉所激发的单独力量的总和。集体荣誉的这一特点，要求各级领导者在重视个人荣誉激励的同时，还要重视发挥集体荣誉的激励作用。

以集体荣誉激励下属，就是各级领导者在实际工作中，通过表扬、奖励集体来激发下属的集体意识，使每个集体成员产生一种强烈的荣誉感、责任感和归属感，从而形成一种自觉维护集体荣誉的方法。

### 6.2.6 以尊重支持激励

当下属致力于一项新的、创造性的工作，或者在平常的工作中遇到困难、阻力和非议时，总是期望能够得到上级领导者的尊重和支持。这种尊重和支持，可以使下属产生一种自豪感、自信心和完成任务的积极性。所谓以尊重支持激励，就是指领导者通过采取尊重下属的自尊心，相信他们的智慧才能，虚心听取他们的批评意见，支持并接受他们的创造性建议等措施，增强和激发下属的安全感、责任感和自豪感。

正确运用尊重支持激励，必须从以下五个方面做起：第一，领导者尊重下属的人格，尊重他们的首创精神、进取心和独立见解，爱护他们的积极性和创造性；第二，领导者要给下属提供宽松的环境，放手让下属大胆工作，使他们感到组织的信任和自身的责任；第三，领导者要积极为下属创造做好工作、完成任务的条件，使他们能够顺利完成自己的工作任务；第四，当下属遇到工作困难时，领导者要主动支持他们，帮助他们排除工作中的困难和忧愁，增强他们的信心和安全感；第五，当下属和群众在工作中出现差错的时候，领导者要满腔热忱地帮助他们总结经验教训，并主动地承担自己应该承担的责任。

### 6.2.7 民主评议激励

所谓民主评议激励法，就是指领导者通过组织民主大会自由评论、书面评议或听取代表反映意见等形式，让下属充分行使民主权利，从而激发他们的民主意识和参与意识，以主人翁的姿态积极主动地做好各项工作。

民主评议作为充分发扬民主的一种有效方法，当前已逐渐成为基层单位民主生活的主要方式之一。在具体运用这一方法时，领导者需要注意以下几个问题：一是民主评议要有一定的时间间隔，不能过于频繁，更不能将民主评议当作发扬民主的唯一方法；二是对民主评议结果要进行具体分析，不能不加分析地得出定论，因为群众的思想觉悟、道德水准、认识能力存在着差异，这就使得评议结果里掺杂着各种不同的个人意识；三是要引导下属正确进行民主评议，在激发民主意识的同时，领导者还要激发他们实事求是的精神。

# 6.3 领导者激励下属的技巧

激励下属，使下属朝着一致的目标前进，实现共同发展，是领导者的工作重心之一。那么，作为一名领导者，怎样才能培养和提升自己激励下属的能力呢？

### 6.3.1 熟悉下属，探寻内心愿望

下属的愿望是实现激励的原动力。每一个下属都有不同的个性和需求。作为领导者要充分了解下属的心灵轨迹，把握好下属的欲望框架，然后根据各自的特点采取相应的激励方法。

（1）寻找员工个性形成的因素

影响员工个性的因素是多方面的。一个员工的个性，很难被整整齐齐地归类为讨人喜欢的、好胜的、友善的、坏脾气的、令人讨厌的、多疑的或保守的（尽管我们常常想这样做），因为一个人的个性有讨人喜欢的优点，也有令人讨厌的缺点，从衣着穿戴、食物的喜厌到常用的手势或姿态、思考问题的方式、处理问题的方法等等，每个人的个性都是

独特的，而这一切都是由于遗传以及其幼年时所受的教育、所处的环境、工作和生活的经历、父母的影响、家教的影响等等因素所造成的。而正是上述各种因素的影响，形成各自的特点和个性，以保证他们能够以自己的方式处理生活中的各种际遇。随着工作阅历、生活经历和年龄的增长，事业的成功以及失败，其个性也会发生某些改变。因此可以说：个性就是不同个体以其独特方式对待生活的整体诠释。

（2）了解下属的各种需求

根据著名心理学家马斯洛提出的"五种需求理论"，我们中的大多数人，包括员工们都会从生活中寻求某种满足感。

①生存需求

人活着，需要呼吸、吃饭、睡觉、生育、看、听以及感觉。虽然在现时环境下上述需求已很少让人们感到是人们的基本需求，例如真正的饥饿感几乎并不存在。但是，一些经历还能让人们知道，人们是有这方面的需求的：人若几天不睡觉、几天不吃任何食物、几十秒钟不呼吸……都是很不舒服的。

②安全需求

人们总是希望自己能够免受伤痛和伤害，远离犯罪和竞争，不愿去面对无常的未来或不断变化的今天。然而事实却并非如此，没有任何一个人感到完全安全。因此，人们退一步去想，没有绝对的安全，相对的安全也是好的。因此，人们希望有法律、警察、保险公司、社会福利制度的存在，以此来得到保护。

③社交需求

人类在氏族或部落群体中就已经有这种需求。今天这种群体的联系比以往任何时候都要紧密。我们结婚，住入公寓，都离不开群体。恰如其他需求一样，不同的人的社交需求也有着极大的不同。我们中想做隐士的人很少。当然，也并非每个人都能够建立一种真诚、深厚的关系——即使和妻子或丈夫的关系也是如此。或深或浅，这种社会需要都在我们所有人身上发挥作用。

④尊重需求

当我们在谈论自尊或尊严时，那就是在表达这种需要。当某个人不能完全地适应生活需要时，这种需要可能会表现为对自己的成就过分骄傲、自以为是、夸夸其谈——一种自我膨胀感。

在现代社会，我们的其他许多需要都很容易满足，唯有价值感和尊重感却常常成为最难以满足的需要之一。

我们甚至会改变自己的个性去赢得他人的认同。毫无疑问，当你外出进行访问时，你应该符合公司的常规。我们同样认为，在公共场合比在家里更文雅或者掩饰那些不为人接受的行为是情理之中的事。

⑤自我实现需求

在现代社会中，许多年轻人脱离社会并且着手"做他们自己的事情"，这在很大程度上是他们实现自我的一种表现——这种需要被马斯洛称为"自我实现"。那些尚未得到满足的需求是最强烈的。马斯洛最伟大的论断在于他意识到一旦某种需求得到满足，就将不再能激励个体付出更大的努力。例如，如果某个人对工作安全的需求已经得到满足，那么即使再提供更多的安全措施——例如向员工们保证雇佣关系——一般也难以促使他更加努力工作。如果领导者希望看到工人们付出更多的努力，就应该转向满足另一种尚未被满足的需要。例如，他们对与其他人共同工作的渴望。

### 6.3.2 激励下属，发挥内在潜力

作为领导，仅仅了解下属的内心愿望还不够，不要以为多发奖金，多说好话就能调动员工的积极性。人是很复杂的，要让他们竭力工作，需要领导者施展更细微的手段。

（1）以满足需求来激发下属的热情

①让下属了解工作目标

领导者要让员工了解工作计划的全貌及看到他们自己努力的成果，员工越了解公司目标，对公司的向心力越高，也会更愿意充实自己，以配合公司的发展需要。所以领导要弄清楚自己在讲什么，不要把事实和意见混淆。

员工非常希望你和他们所服务的公司都是开放、诚实，能不断提供给他们与工作有关的公司重大决策和相关信息，以便对公司和自己的工作目标有充分的了解和明确，专心投入工作，同时也会产生一种归属感。

②授予他们权力

授权不仅仅是封官任命，领导者在向员工分派工作时，也要授予他们权力，要帮助被授权者清除心理障碍，让他们觉得自己是在"独挑大梁"，肩负着一项重要的职责。方法之一是让相关人士知道被授权者的权责；另一个要点是，授权之后，就不再干涉。

③给他们好的评价

有些员工总是抱怨说，领导只有在员工出错的时候，才会注意到他们的存在。身为领导者的你，最好尽量给予员工正面的表扬，公开赞美你的下属，至于批评可以私下提出。

④奖励他们的成就

认可员工的努力和成就，不但可以提高工作效率和士气，同时也可以有效建立其信心，提高忠诚度，并激励员工接受更大的挑战。

⑤提供必要的训练

支持员工参加职业培训，如各种学习班，或各种研讨会等，从而提升员工士气。教育训练会有助于减轻无聊情绪，降低工作压力，提高员工的创造力。

（2）以激将法来激发下属的潜力

一个成功的领导者，能够满足员工的各种需求，善于用语言和行动激发员工完成任务的热情、勇气和信心。中国有句俗话："请将不如激将。"愚蠢的激将法，往往是用嘲讽、污蔑、轻浮的语言将对方激怒，拼死一搏。一个优秀的领导者所用的激将法是聪明的激将法，他可以运用以下几种策略。

①对象激将法

运用激将法要看对象，年轻人的弱点是好胜，"激"就是选在这一点上，你越说他不怕，他就越勇敢。老年人的弱点是自尊心强，此点一"激"就灵，你越说他不中用，他越不服老，越逞强。所以当别人指责他放弃责任、隐退不出，嘲笑他不负责任、胆怯后退时，他的能量就被激发出来了。

②对比激将法

对比激将法是要借用与第三者（一般来说是强者）对比的反差来激发人的自尊心、好胜心、进取心。用对比法激人，选择对比的对象很重要。一般来说，最好选择被激对象比较熟悉的人，过去情况与他差不多、各方面条件与他差不多的人。而且对比的反差越大，效果越好。

③煽情激将法

煽情激将法需要用具体的有感染力的描述，用富有煽动性的语言激起人们心中的热情。所用的可以是严酷的现实，也可以是轻松的远景，不拘一格。

④绝路激将法

军事家都懂得一个道理，人到了没有退路的时候，往往特别勇敢。中国历史上破釜沉舟、背水一战而获全胜的战例不胜枚举。如果企业领导者懂得这个道理，在濒临绝境的时候，激励员工背水一战，也可以大获全胜。俗话说，"置之死地而后生"。一个企业领导者若想让一个临死的企业"活"起来，就要想办法让员工们知道自身企业处于"绝地"的处境。

⑤表率激将法

这种方法军事家、政治家可以用，领导者同样可以用。

战场上主帅是不宜亲自出战的。主帅出战则意味着部将无能或失职，这个行动本身就是"激将法"。激将法有智愚高下之分，领导者掌握好其分寸尺度，灵活发挥，机智应用，就可以在需要员工拿出他们最大的力量，拼死效力时，派上绝妙的用场。

（3）以公正公平来稳定全局

如果工作中只重视调动一部分人的积极性，会挫伤另一部分人的积极性，这种用人上的不平衡会关系到一个单位能否实现稳定发展。如果待人失当，亲疏不一，重用一些不该重用的人，冷落一些应该重用的人，就会把一些积极因素转化为消极因素。这些人在素质不高的上司领导下，或消极应付，或形成一股反对力量，出现严重的不稳定状态。

领导者对待下属总体上要端平"一碗水"，不仅积极因素可以得到充分调动，一些消极因素也会转化为积极因素，即使个别不安定因素，也不会有聒噪的市场与条件。

上司端平"一碗水"，能有效地驾驭全局，把握全局。驾驭全局的关键因素是对人的驾驭。一个领导者得心应手地指挥好下属，让下属围绕自己的意图充分发挥积极性，那么这个领导者驾驭全局就可以游刃有余。

（4）以关爱友善赢得下属尊重

领导者大都深知感情投资的奥妙，不失时机地进行一些感情投资，对下属给予关爱，这对于控制下属让他们为自己办事往往能收到异乎寻常的效果，同时也会赢得下属的尊重。

领导者如何激励下属的能力，是一项重要的管理手段，领导者把下属的心暖热，是一剂"良药"。

每个人都有尊严，每个人都希望别人看得起自己，把自己当作一个真正的人看待。领导者关心下属，对下属投注感情，尤其是对下属私事或生活方面给予关怀与照顾，可以使他们的这种尊严得到满足，甚至让他们感激涕零，誓死效劳。

（5）以规划远景激发员工斗志

领导者规划远景的同时，有必要让人看到达到远景的过程。团体中的领导者，必须能确实掌握大家的期待，并且把期待变成一个具体的目标。大多数的人并不清楚自己的期待是什么，在这种情况之下，能够清楚地把大家的期待具体地表现出来，就是对团体最具有影响力的人。在企业之中，只是把同伴所追求的事予以具体化并不够，还必须充分了解组织的立场，确实地掌握客观形势的需求并予以具体化。综合以上两项具体意见，清楚地表示组织必须达成的目标，这样才能在团体之中取得领导权。

## 6.3.3 面向普通员工的激励

对于普通员工而言，领导者应确切把握他们的实际需要，采用有针对性的奖酬资源，并把奖酬资源的分配同他们的工作绩效挂钩。

（1）把握员工的实际需求

许多企业在分析员工的需求、制定激励政策时，往往是凭借领导者的主观臆断进行的。而事实上，每个员工都有他们自己的心理需求和人格取向。由于领导者与普通员工所处地位和分工的差别，他们在把握员工的实际需要方面总会存在一些差异。领导者认为员工所需要的，并不一定是员工真正所需要的，而不是针对员工的实际需要的激励措施，便是毫无意义的。因此，调查员工的真实需要是调动员工积极性的第一步。

一般来讲，员工的需要主要有以下几种：高薪、工作稳定、升迁及企业的成长、好的工作环境、有趣的工作、领导者的关心、技巧熟练、工作成绩、对个人问题的关怀、对事情的投入等等。

在实际工作中，对员工以上需求的了解和把握，可以采用各种正式的调查方法，但更重要的是领导者平时对员工一言一行的细心观察。领导者要真正从员工的角度出发考虑问题，真正把自己放在员工的位置上，为员工着想，才能准确地把握员工的真正需要，从而有针对性地制订出有效的激励措施。

（2）对普通员工激励的具体方法

企业在确定奖酬内容时，最基本的一条原则是奖酬资源对获得者要有价值。对员工而言，效价为零或很低的奖酬资源难以调动他们的积极性。为了满足不同员工的需要，领导者应列出奖酬内容的菜单，让员工自己进行选择。一般而言，针对普通员工的激励方式主要有以下几种。

①以金钱为激励因素

金钱作为一种激励因素是永远也不能忽略的。无论采取计件工资或任何其他鼓励性报酬、奖金、优先认股权、公司支付的保险金或其他形式的东西，金钱总是重要的因素。而且金钱往往有比其本身更多的价值，它也可能意味着地位或权力。

在实践中若要使金钱成为一种激励因素，领导者必须注意以下两点：首先，相对于那些功成名就、在金钱的需要方面已不再那么迫切的人，金钱对要养家糊口的人而言要重要得多。金钱是获得最低生活标准的手段。其次，要使金钱成为一种有效的激励因素，那么，在各种职位上的人们，即使级别相当，给予他们的薪酬和奖金也必须能反映出各人的工作业绩。要保证金钱作为对完成任务的报酬，就必须在实行过程中尽可能地根据业绩进行报偿。

有一点几乎是毫无疑问的：只有当预期得到的报酬与目前个人收入相比差距较大时，金钱才能起到激励作用。

②认可与赞赏也能提高激励效果

想一下最近你所度过的最糟糕的一天，也许是公司将进度安排得过紧，或有位肝火很旺的顾客非要与你论个高低，冲你大嚷大叫。当时，你感到万分沮丧，心乱如麻。恰好那个时候，你的上司一脚跨进了办公室，笑逐颜开地提到一件你干得格外起劲的工作，夸奖你干得漂亮，向你表示感谢。刹那间，你的懊恼连同气人的顾客便一起被抛到了九霄云外。此时此刻，你只有一种感受，一种因出色完成工作而得到别人承认的满足感。

认可与赞赏可以成为比金钱更具有激励作用的激励方式。

③让员工享有一定的自主权

对能有效地完成工作的员工，可以减少或撤除对他们工作的检查，允许他们选择工作时间、地点或方式。在这一方面，微软公司为我们做出了一个样板。

微软公司赋予员工很大的自主权，由他们自己决定如何完成工作。员工对此反应强烈，他们怀着高度的热情投入到工作中，以别处罕见的工作效率来回报公司的这份信任。据一位员工说："公司为我们提供了完成工作所需要的一切条件，并由我们自己决定怎么干。"

④以柔性福利制度激励

作为领导者的你可以为员工列出一个公司福利菜单，以供员工自由选择。

⑤以员工持股方式进行激励

许多公司的实践证明，一旦员工拥有了他们所在公司的部分所有权，并对公司的经营有发言权，他们就以主人翁的精神投入工作，工作起来要比那些只干活拿工资的员工卖力得多。

许多领导者现在已认识到，要使员工全心全意地为组织的目标而努力工作，他们需要用比计时工资更高的报酬激励员工，因为他们需要所有权。

⑥注重员工培训与发展

最好的组织认识到，给员工提供学习的机会就等于为组织和员工支付股息。员工一旦具有了打破常规的勇气和能力，就可以不断地进行自我激励。处于组织中的员工，如果能获得机会不断学习、不断自我完善，就能为一个停滞不前的松散的群体注入活力，推动其前进。

### 6.3.4 面对知识型员工的激励

具体而言，实践中的当今企业，尤其是高科技企业，对知识型员工的激励策略包括以下几个方面。

（1）战略性合作伙伴理念的形成

对知识型员工的激励，从根本意义上说涉及知识型员工的身份和地位问题。身份不明确，"名不正，言不顺"，企业采取的任何激励措施都难以对知识型员工产生长期持久的激励效应。

作为战略性合作伙伴，知识型员工在改善自己的工作环境和调整工作内容上，无论是要解决眼前面临的问题，还是规划自己未来在公司的工作性质，都应该有自己的发言权；在报酬方面，知识型员工一方面获得资金报酬，另一方面还作为财富的创造者，与出资者、经营者共同分享公司的成功，参与公司剩余价值的索取和分配；作为战略合作伙伴，知识型员工还应当与企业经营者一道，共同参与决策过程，让员工参与决策过程，这是企业给予他们的最大尊重，没有什么能够比这种方式更能提高员工的工作积极性和创造性。

（2）面向未来的人力资源投资机制

面向未来的人力资源投资机制之所以能成为激励知识型员工的重要因素，主要是基于以下几方面的原因：

①知识经济是人性化的经济，是人不断获得全面发展的经济。

②当今社会，技术和知识的创新日新月异，企业和个人的成功越来越依赖于信息的流动。因此，不断地随着时代和企业的发展更新原有的知识，在日趋激烈的竞争环境中提升自己的全面素质，根据自己的潜能发挥状况来获取较高的预期收入现值，这已经成为现代企业劳动者尤其是知识型员工的关注焦点。

③价值观念的变化使得企业和知识型员工认识到，他们之间是一种合作伙伴关系。企业不可能奢望知识型员工能对企业永久忠诚，而更多地要求其在为企业服务的期限内保持忠诚；而知识型员工在追求自身成长、增强"可雇佣性"的过程中还将走向"职业化"，从员工个人发展和企业发展的角度出发，实现"双赢"。

也正是因为如此，面向未来的人力资源投资机制开始受到了企业的青睐。在这种投资机制中，企业给予知识型员工的"终身就业能力"成了企业的凝聚力所在。

（3）以 SMT 为代表的创新机制

围绕知识型员工对工作自主性的要求，现代企业更加重视对员工在工作自主和创新方面的授权。通过授权，将一个个战略单位经过自由组合，挑选自己的成员和领导者，确定其操作系统和工具，并利用信息技术来制定他们认为最好的工作方法。这种被称为 SMT（自我管理式团队）的组织结构已经日益成为企业中基本的组织单位，惠普、施乐、通用汽车等国际知名的企业均采用了这种组织方式。SMT 使组织内部的相互依赖性降到了最低程度。它的基本特征是：

①工作团队做出大部分的决策，选拔团队领导人，团队领导人是"负责人"而非"老板"。

②信息沟通是通过人与人之间直接进行的，没有中间环节。

③团队将自主确定其工作目标，并承担相应责任。

④由团队来确定并贯彻其培训计划的大部分内容。

（4）多元化的价值分配要素

关于激励的知识告诉我们，人们为了满足需要而去行动。如前所述，在企业中，给予员工一份与自己贡献相称的报酬，让他们分享到自己创造的财富，仍然是激励知识型员工的一项重要因素。因为从某种意义上来讲，企业给知识型员工提供报酬不仅向他们提供了维持生存的手段，而且报酬的高低意味着企业对知识型员工工作的认可程度，报酬的数量和形式对知识型员工的动机强度和持久性有着深远的影响。

很显然，有竞争力的薪酬水平仍然是企业吸引和留住人才的重要手段之一。但是今天，价值分配的要素远远超出了薪酬本身。比较而言，机会是激励知识型员工创造、传播和应用知识的更具有影响力的因素。机会的表现形式主要有：参与决策、更多的责任、个人成长的机会、更大的工作自由和权限、更有趣的工作以及多样化的工作活动等，这些"内部报酬"对知识型员工有更大的吸引力。也正因为如此，"为员工创造机会"成为国内外许多企业的经营宗旨之一。

（5）自主创新和团队的企业文化

知识型员工要成长、自主和发展，需要有一个健康和谐的工作环境和能自主创新、有团队精神的企业文化氛围。企业作为员工实现自我价值的实体，有责任为知识型员工的发展创造机会，提供一个舞台，让他们在企业中能够最大限度地体现自我价值，实现事业的追求。

同时，企业还应当培育和保持一种自主与协作并存的企业文化，提高员工的活力和企业的凝聚力。

### 6.3.5 积极引导，形成良性竞争

领导者激励下属充满工作热情，必须形成一个良性竞争的风气，让下属在竞争中拼搏，在拼搏中竞争。这样领导者就可以找到大幅度提高工作效率的办法。

下属之间肯定会存在竞争，竞争分良性竞争和恶性竞争，领导者的职责是要遏制下属之间的恶性竞争，积极引导下属形成良性竞争，从而形成一种崭新的竞争机制。

一般说来，以下几种技巧常被用来引导下属的良性竞争。

①领导者要创造一套正确的业绩评估机制。要多从实际业绩着眼评价下属的能力，不能根据其他下属的意见或者是领导者自己的好恶来评价下属的业绩。总之，评判的标准要尽量客观，少用主观标准。

②领导者要在单位内部建立一套公开的沟通体系。要让大家多接触，多交流，有话摆在明处讲，有意见当面提。

③领导者不能鼓励下属搞告密、揭发等小动作，不能让下属相互之间进行监督，不能听信个别人的一面之词。

④领导者要坚决惩罚那些为谋私利而不惜攻击同事、破坏单位正常工作的下属，要清除那些害群之马，整个单位才会安宁。

总之，领导者是公司的核心和模范，他的所作所为对于公司的风气形成起着至关重要的作用。

领导必须从制度和实践两方面入手，遏制下属之间的恶性竞争，积极引导下属之间进行良性竞争，激发出大家的热情和干劲，让大家心往一处想，劲往一处使，使单位的工作越做越好。

# 七、凝聚能力修炼

　　团队凝聚力不仅是维持团队存在的必要条件，而且对团队潜能的发挥具有非常重要的作用。一个团队如果失去了凝聚力，就不可能完成组织赋予的任务，团队本身也就失去了存在的条件。

leadership

## 7.1 凝聚力的内容和形式

凝聚力是指群体成员之间，为实现群体职责目标任务而团结协作的程度。简单地说，凝聚力就是赢得人心的能力。一个组织、一个团队对成员的吸引力，成员对团队的向心力，以及团队成员之间的相互吸引，都属于凝聚力的表现形式。

凝聚产生力量，团结迎来希望。美国社会心理学家费期汀格认为，凝聚力是使团体成员停留在团体内的合力，也就是一种人际吸引力。这种吸引不仅体现在团队目标的吸引、团队文化的吸引，更体现在领导者本人的才华气质的吸引、人格魅力的吸引。所以，一个领导者要想"赢得人心"和"驾驭人心"，就必须建立一个富有超强凝聚力的团队。

那么，如何理解凝聚力的内涵和形式呢？如何增强团队成员的凝聚力呢？这就需要充分认识并努力做好以下几个方面的工作。

### 7.1.1 从激励到凝聚

从性质上看，凝聚是相对于激励而言的。从过程上看，应该是先有激励然后才谈得上凝聚。激励是一个把群众的心理情绪调动和动员起来的过程，这是一个向上或者向外"膨胀"的过程，它要使本来可能消极的、懒散的或者被压抑的情绪激动起来。形象地看，它就像烧开一锅水一样，水蒸气向上运动。但是在这个过程中，群众的心理情绪可能产生不了实际的结果；即使产生了实际的结果，也往往是短暂的、难以持久的。一锅开水不可能老是热着。

为了使被调动起来的群众的心理情绪产生持久的、建设性的效果，就需要在激励之后实施凝聚。相对于激励来说，凝聚是一个向内或者向下"收缩"的过程。这个"收缩"的过程，实际上包含着三个意思。第一个意思是，首先要使群众的热情"稳定"在一个层面上。这时，群众的情绪既不再上升，也不再下降。这是第一个"保持"。第二个意思是使群众的热情保持在一个较高的水平上。这是第二个"保持"，是程度（即纵向）上的保持。第三个意思是，如果群众已经有了强烈的热情，那么，接下来的问题是使这种热情保持下去。这是第三个"保持"，是动态的、历时性和延续性的保持。

从过程上看，当激励到了一定的阶段，当群众的情绪与觉悟发展到一定水平的时候，就应该停下来，从事凝聚的工作，把群众的情绪与觉悟巩固下来，然后，在这个基础上再从事进一步的激励工作。否则，一味地、单纯地激励，并不真正有利于群众情绪的提高和任务的完成。短期来看，从激励到激励，其效果可能是好的。但是，从长期看，反倒是不好的。因此，激励——凝聚——再激励……才是最好的激励，也才是最好的凝聚。

## 7.1.2 群众情绪与觉悟的凝聚

实现对群众情绪与觉悟的凝聚，可以有多种选择。

第一，从情绪与短暂的觉悟向信仰与信念的转化与升华。通过激励，群众的情绪被调动起来，达到并保持在较高的水平，群众的觉悟状态也有所提高。但是，这种情绪性的状态仍然只是一种直接的存在状态，而短暂的觉悟也可能"失落"。要使这种热情与觉悟凝聚起来，就需要把它们转化为对特定目标与事业本身的信仰或者信念。信仰与信念不同于情绪或者短暂的觉悟，它是理性的和可以经受考验的。这个转化实际上是群众情绪与觉悟状态的升华。

第二，认同感的形成。群众情绪与觉悟的转化和升华，是群众与"事"的关系，是他们与他们所要达到的目标的关系。这是客观意义上的凝聚。与这个凝聚相对应的，是他们相互之间的凝聚。被激励起来的群众可能会发现，他们相互之间具有基本相同的情绪与情感类型，具有基本相同的觉悟状态与觉悟水平，甚至于他们也可能会具有一致的信仰与信念。因为这些相似、相同或一致，他们相互之间逐渐认同起来，形成或稳定或不稳定的共同体。

此时，特别需要领导者把群众相互之间朦胧的、朴素的认同明确地引向共同体，也就是明确、引导、确认他们对共同体的认同，直接促进共同体的形成与稳定。

第三，制度化。群众情绪与觉悟在他们与目标任务关系上的凝聚，以及在他们相互之间的关系问题上的凝聚，是凝聚群众的两个不同的方面。前者是在"事"上的凝聚，后者是在"人"上的凝聚。而要把这二者进一步结合起来、凝聚起来，就需要靠一个更为根本的东西，那就是"制度"。通常的情况是，上述两个方面的凝聚往往凝聚在一个人（特别是领袖人物）的身上，凝聚的人格化是一种选择。但是，相对于凝聚的制度化来说，凝聚的人格化还不是凝聚的最稳定的选择。只有凝聚的制度化，才能够更好地把对事的凝聚与对人的凝聚统一和整合起来。

### 7.1.3 凝聚的核心

现代科学揭示出，要下雨下雪，形成"气候"，水汽首先要能够"凝聚"。而要能够形成"凝聚"，首先又要有一个水汽"愿意"和"能够"附着在其上面的"凝聚核"。科学证明，水汽对这个"凝聚核"的要求是非常"苛刻"的：这种凝聚核必须是宇宙中本来就存在着的宇宙尘埃。

科学家曾经很纳闷，工业与城市废气也造成了很多尘埃，可是，为什么城市很少降雨降雪呢？经过深入的对比研究，科学家发现，工业与城市废气所造成的尘埃与自然界本来就存在着的尘埃的分子结构是完全不同的；要形成凝聚，凝聚核必须是"自然形成的"。所以，水汽"不愿意"附着在它们的上面，它们对水汽缺乏"凝聚力"。工业与城市废气不但不能形成降雨降雪，相反，成为"温室气体"，造成了城市气温的上升。

## 7.2 提高领导者凝聚力的策略

表面服从，并不意味着心里服从。领导者提高自己的凝聚力，一定要让大家打心眼儿里佩服你才行，这样才能发挥效应。

领导，其实就是凝聚力的极致发挥，从而促成他人合作和达成目标的一种过程。从领导效能的观点来看，我们不得不承认：凝聚力远胜过权力。一直以来，有关领导的书籍和研究报告层出不穷，讨论的主题涉及组织领导、权力领导。这些重要的主题，都包含了许多不错的构想。事实上，这些都可以精简成一句话："与其做一位实权在手的领导者，不如做一位浑身散发无比凝聚力的领导者。"

领导者怎样才能提高自己的凝聚力呢？

### 7.2.1. 注重个人的凝聚力

一个领导者，除非具备了相当程度的魅力和影响力，否则，很难面对一个重要的课题：如何赢得下属的信赖和忠心。有位颇为成功的领导者在一次研讨会上曾单刀直入地说道："在现实世界里，每一位成功的领导者，无一例外地都具有特殊的人格魅力，他们不仅能激发下属的工作意愿，而且具有高超的沟通能力，动之以情，晓之以理，浑身散发出诱人的魅力。运用奖赏或者强制力来管理，也许有效，但是如果你要提高自己的领导魅力，赢得众人的尊重和喜爱，我建议你们要尽最大的努力影响和争取下属的心。假如你们之中谁能做到这点，谁就能成为一位成功的领导者，能够完成许多不可能完成的任务。"

优秀的领导者特别注重个人的凝聚力，这比他的职位高低和提供优越的薪水、奖金重要得多。它才是真正地促使人发挥最大潜力，实现任何计划、目标的关键之一。

一般而言，下属都有这样的心声和感受：

①我觉得我的领导不能没有我，因为他相当重视我，我愿意为他效劳。

②我的领导让我觉得在团队里有归属感。

③我的领导让我感到我很重要。

④他愿意负起百分之百的成败责任。

⑤他好像是我的父母、兄长、益友和良师。

⑥他比别人更关怀、更爱护我。

⑦他让我很明确地知道我如何可以成功。

⑧他言出必行，值得信赖。

⑨领导眼光前瞻，看得实际。

⑩他告诉我目标和航向，并说服我一起同舟共济。

成功的领导者并不注重职位和权势，他们绝大部分看重的是具备迥异于人并足以吸引追随者的魅力。因此，我们可以确信，人们是否愿意跟随你，要看你是否具有强大的凝聚力，而非权力。

请领导者务必牢牢记住：权力并不会自动点燃你的凝聚力，有权力并不意味着你有某种程度的魅力可以掌握人心。

### 7.2.2 激发他人的追随动机

知名的社会心理学家瑞吉欧博士就说过这么一句鼓舞人心的话："每一个人都有一方能力的沃土，就等待你去开垦。"

对于领导者而言，如果领导者希望成为一位更具凝聚力的人，他要做的第一件事情，就是赶紧培养、发展一项吸引追随者的超凡特质。要使追随者"跟我来"，你必须先懂得如何激发他们的追随动机。

①使别人感到他重要。每个人都希望受到重视，你要让下属感到他本人很重要。

②宣传你的目标，说服下属相信你的目标是值得全心投入的。

③想要别人怎样待你，你就怎样待别人。你想让下属追随你，就要关心他们，公平对待他们，将他们的福利放在你的心上。

④为你自己的行为负责，也为下属的行为负责，千万不要把责任推诿给别人。

培养和增进领导凝聚力，让下属打心眼儿里佩服你，是要讲究方法和技巧的。当你激发了下属的追随动机之后，你还必须做到下面三点，才能更进一步展现你的凝聚力，有效地吸引下属为你赴汤蹈火。

①扬善于公堂，归过于暗室。

②做一个前后一致的人。

③注意别人，也让别人注意你。

事实显示，有 80% 的领导者很难确实做到上述几点，结果造成下属们离心离德，怨声载道，组织成效无法大幅度提高。这种现象值得注意和警惕。

只要大家能从心眼儿里真正佩服你，你的凝聚力自不待言。领导者也是这样。

### 7.2.3 让每个人成为团队一分子

只有让每个下属都觉得自己是团队中重要的一分子，单位才能有凝聚力，才能提高效率。身为领导者，让下属尽心供职是至关重要的，要做到这一点，首先必须培养下属的自尊自强的团队精神。让下属学习分析方法，以及采取小集团活动的方式，养成在团队中能与人和谐相处的态度，使他们认为自己是团队中重要的一分子，这也是管理者不可缺少的魅力。

很多团队都有自认为最好的各种理由，包括：

①最努力的工作者。

②常执行最艰苦的任务。

③工作时间最长。

④行动最快。

⑤最有礼节。

⑥做事最彻底。

⑦最具创意。

⑧生产量最大。

作为领导者，可以从开始就这样做，分配任务给那些知道会做得最好的人。等到他们的技术熟练，自信心培养起来以后，再分配较困难的工作给他们，让他们感到自己是在进步。当然，你必须保证让每个人都能出色地完成自己的任务，受到应得的肯定，并让整个团队都知道每次的胜利。

对下属工作的认同和肯定应以不同形式来表示。公开表扬发奖状，乃是其中方式之一，用你亲笔所写的奖状和口头表扬，都是人们所最喜欢的。那么领导者怎样才能让下属觉得自己是一分子呢？

①心理上与下属保持亲近

要采用参与、观察的态度与下属保持联系，适度深入下属的团队，以了解他们的感觉与想法，同时必须保持距离，否则，过度地深入参与会带来彼此的熟稔，而熟稔容易招致下属的轻视。

②对下属平等相待

有些领导者养尊处优，己贵人贱的观念难免在脑海里生根，于是容易期望下属多付出一点，并认为应该如此。如果对下属平等相待，容易产生彼此的谅解。

另外，与下属增进共同的体验也可产生伙伴意识。此项共同的体验，如果是同甘共苦，则更可增进密不可分的伙伴关系。

因此，与其与下属共进午餐，不如在下属晚上在单位加班时，你也加入他们之中，如此必能加强同甘共苦的患难意识。例如，某单位领导有一天因工作需要，将两名下属派往与其业务方面有接触的公司，处理有关业务索赔的问题，而该领导当天凑巧也留在公司加班。

此时，两名下属打电话回单位报告事情已处理妥当，这位领导正好得以在电话中慰劳及鼓励一番。

该下属在日后谈及此事时一再表示：这位领导担心我们事情处理不好，所以留在公司里等候消息。

这位领导在无意间听到此话，虽感到相当难为情，但这件偶然的事情却使他认识到共同体验的效果。该公司上下的伙伴意识大为增强，所有人员的学习意愿与工作效率也自然获得相当的提高。

这样一件小事，可透视出领导者凝聚人心的方法。

①激励下属的士气

对于自己的下属做出的成绩予以充分肯定和恰如其分的表扬，这将对鼓舞士气十分有效。特别是当众表扬，效果会更好。

②宣传自己的下属

下属在工作上的成功，虽然是在领导的率领下取得的，但在对外宣传这件事时，把功劳有意让给其部门的领导和部门员工，就会赢得下属的尊敬和人心。长期下去，这种感情投资会使领导者获益匪浅。长远看，这种做法比自我吹嘘效果好得多。

③树立共同的形象

把自己成功的硕果同别人共享，并不是那种他得多了，你就得少了的加减法。相反你会得到更多。下属对领导者心生敬佩便会更加心甘情愿地为公司做事。反过来，一位只会把功劳占为己有的领导，会遭到旁人或下属对他的厌烦，时间长了，领导者就脱离下属成了孤家寡人。

# 7.3 培养领导者凝聚力的方法

领导者是一个团队的中心，这个团队的向心力有时来自于团队的整体目标，有时来自于领导者自身的凝聚力。凝聚力是一种吸引力、黏合力和影响力，几乎所有卓越的领导者都具有非同凡响的凝聚力。

### 7.3.1. 深厚涵养

成功领导有三件事：①百分之二十五的职业技术；②百分之二十五的想象力；③其余的百分之五十，就是本身的涵养。

涵养是自己用来与社会配合发展的能力，一般说来，涵养包括三个基本元素，即知识、行动与反省，具备了这三个元素，你就会成为一个有涵养的人，就会成为一个善于把握平衡的人，一个能够与社会和谐共处的人。

在此，知识并不单指博学广闻，而是要能知、能行，且要能随机应变。

因此，你若只是满腹经纶，还不能算是有智慧的人，也不能算是有涵养的人。从前那种故作博学、故作忙碌状的人，在今天不但无法获得人气，反而会被周围的人看成是没有涵养的人。

涵养一词在其他方面而言，还包括价值观的多元化。不过，价值观的多元化会造成副作用，也就是说自己为了尊重别人的价值观而不喜欢介入别人的事情，然后反过来也就不愿意别人干涉自己，从而产生以自我为中心的个人主义。

以自我为中心的人不愿意别人干涉他，因此在领导别人的时候便容易变成牵引机式的人，因而被下属厌恶。工薪阶层的人所看到的涵养，通常只是副作用的这一部分，所以对所谓涵养不屑一顾。

但是真正有深厚涵养的人，是有同情心并且能洞察别人的心思的。看到别人发怒时，他会设法去了解别人心里的寂寞与烦恼，并予以安慰。所以真有涵养的人，一定能给别人良好的影响。他们的心灵成熟稳定，具有诚意，有打动人心的力量。

领导者必须努力使自己具备这种修养。而这种修养并不只是由书本中得到，它必须由工作中磨炼出来。

要想具备涵养，其条件是：利用闲暇尽量多读书。但是不能漫无目的地读，要有计划地加以选择。

选择的标准是：

①可以供工作参考，马上可以应用。

②能使自己的心灵成熟。

③能启发自己的创意。

④有趣的。

尤其要多加阅读的是前人的言行，把前人的经验与自己的经验加以比较，从而获取别人的经验，了解别人的思想与价值观，这有助于自己分析事物，做出决策。

涵养深厚的领导者多半都是汲取别人的人生经验与学问，加以培养增长，从而成为自己的涵养。接近这种领导者，会觉得如沐春风。

今后的时代是变化多端的时代，不论单位或组织，都不能只靠几个精英策划营运。有志做领导者的人，必须努力培养自己的涵养，避免它所带来的副作用，才能给人留下深刻的印象，凝聚人心。

### 7.3.2 以诚取信

在当今，作为一个领导者，应以诚信为本，那种开空头支票、轻易许愿的做法，最终只能失去信任。

古今中外的杰出领导者，无不强调信誉第一，忠诚为上，把"信"作为立身之本。只要答应过的事情，就要"言必信，行必果"。赢得信任对施展各种谋略具有奠基的作用。由此可见，领导者的信誉靠的是长期言而有信的好名声，而毁坏它只是轻而易举的事。

### 7.3.3 行得正，立得直

尽管领导者的工作方法各不相同，但必须树立"行得正，立得直"的形象，才能大大有利于自己凝聚力的加强。

这是因为，明智的领导者最在意的是名声，有好名声才有凝聚力，才能做到众望所归。因此，作为领导者，不能不领会"行得正，立得直"

的内涵。只有顾及下属对自己品质的评价，只有在下属面前树立一个"行得正，立得直"的形象，才能更好地立权树威，做到取信于"民"。中国人历来讲究以德服人，下属也希望他们的领导者会是一个行得正，立得直的人。

公正评价下属是优秀领导者的一个共同点。为了评价下属，他们善于及时观察和做笔记。俗话说："好记性不如烂笔头。"下属的表现只有通过长期的工作才能体现出来。只有长期注意记录他们的行为，才能对他们真正有所了解。在掌握这些资料之后，当你通过手头的记录去表扬某些工作干得好，但又不被人注意的下属时，他会备感欣慰，从而促使他努力地把工作做得更好；如果是批评某些下属干得不好，虽然他会在短时期内情绪低落，但很快就会了解你公正待人的做法，同时会重新认识自己工作中的不足，变后进为先进。只有这样，下属才会逐渐消除对你的不满，对你的管理工作更加表示欢迎。

领导者在管理中要做到公正无私，并非一件容易的事情。比如，在分配工作时，不分难易地要求不同的工作在同一时间内完成，这种做法是很不公平的。同时，如果领导者管理两项以上的工作时，总是对自己较有经验或较感兴趣的工作表现得更为关心，那么此时从事另一项工作的下属就会感到领导对他冷落，不看重他，由此而心生怨恨，工作缺乏动力。因此，要想成为一个受下属欢迎的领导者，就应妥善地处理好公正对待下属的问题。

领导者公正无私还表现在对下属的"论功行赏"上。这种工作几乎是领导者每天都要干的，受下属欢迎的领导者，往往在论功行赏方面做得相当完美，能够充分地调动下属的积极性，形成人人争上游的局面，给企业带来无限的生机和活力。反之，如果论功行赏做得不好的话，不仅达不到刺激下属的预期效果，反而会造成灾难性的后果。例如，优秀的下属在工作中做出了相当大的贡献，但令人遗憾的是，他并没有得到与他做出的贡献相对应的奖赏，工薪、奖金都没有与贡献成正比例增长。而那些并没有做什么实际工作的人却得到了加薪、分红。任何正常的人都会非常自然地感觉到领导者对他的不公平，从而产生种种抵触心理，这种劳者不多得，使中坚力量产生抵触情绪的局面一经形成，单位的前途命运也就非常危险了。

因此，深受下属欢迎的领导者总是以大局为重，不计个人恩怨，充分地调动多数人的积极性，通过尽可能公正地使用人才来激发下属为单位效劳的积极心理。

作为领导者，如果不能公正无私地开展工作，只注意到调动一部分人的积极性，就会不可避免地挫伤另一部分人的工作积极性。用人上的不公正，会引起大家的不满，这是一个单位能否实现平稳发展的重要问题。如果待人失当、亲疏不一，则会在不知不觉中重用了某些不该得到重用的人，冷落了一些单位的骨干力量，这样做的结果是严重打击了受到不公正对待的下属的积极性和创造性，直接影响到单位的全局发展。因此，要想成为一名受下属欢迎并具有凝聚力的领导者，就应该对所有的下属一视同仁，这样，不仅积极因素可以得到充分调动，一些消极因素也会受到刺激而转化为积极因素。深得人心的你，就能轻松自如地驾驭全局了。

公正无私的领导者并非都一定受到下属欢迎，但受到下属欢迎的领导者必定是公正无私的。无私才能无畏，当你成为一名公正无私的领导者之后，你的凝聚力就会大大增强，你就成为一个响当当、硬邦邦的人！

### 7.3.4 加强心理素质

领导者的心理素质要经过长期的训练才能形成，它不以主观意志为转移，而更多地取决于客观方面。作为领导者应该努力在工作中学习，加强四个方面的心理素质。

①情绪稳定而乐观

领导者具有稳定而乐观的情绪，不仅有助于自己的心理健康和提高工作效率，而且能感染下属，稳定他们的情绪，激励他们的士气，如果领导者情绪经常不稳定，忽高忽低，将严重影响实际工作水平，削弱下属的士气。

②意志坚强

领导者的重要任务是实现相应的工作目标。实现工作目标总是与克服困难联系在一起的，领导者克服了困难，工作就会有所前进。因此，坚强的意志是优秀领导者的一个重要的非智力因素方面的心理素质。坚强的意志可使领导者能够以充沛的精力和坚韧的毅力，为实现实际目标而努力奋斗，不达目的，誓不罢休。

③宽容大度

宽容大度是品德方面的一个重要心理素质。宽容是对人关怀、爱护与体谅的高尚品质。具有宽容精神的领导者，在处理人与人关系的时候，善于同别人实行"心理位置交换"，即能站在对方的立场上，设身处地地考虑问题。领导者的宽容精神能给予下属良好的心理影响，使下属感到亲切、温暖、友好，获得心理上的安全感。领导者只有具备宽容精神，才能调动一切可以调动的积极因素，化消极因素为积极因素，才能团结一切同志，为实现工作目标而奋斗。

④谦逊与谨慎

作为领导者，待人接物要特别谦逊谨慎。要有自知之明，正确看待自己，既能明己之所长，也能知己之所短，做到扬长避短；既要力戒骄傲自满，言过其实，也要防止畏首畏尾，自卑盲从。在成绩面前不居功，在错误面前不文过饰非，主动承担责任。这样，工作才能顺利开展。

要做到上述四点，领导者不妨从以下几个方面入手。

①收敛自己的暴躁脾气

有些领导脾气暴躁，情绪容易失去控制，事无大小，都喜欢以大发脾气来压人，他们总以为大发脾气可以造成一种震慑力。其实不然，脾气发得过多，会让下属见怪不怪，其效用也就逐渐失去，而且聪明的下属还会形成一套自我保护的办法。这叫上有政策，下有对策。

②专权独裁不可取

有的领导特别喜欢把下属管得严严实实，喜欢看到下属对自己唯唯诺诺，服服帖帖，在具体事情上，干预过多，甚至干涉下属的私事。这是非常不明智的做法。久而久之，下属会对领导采取抵制、敌视的态度。正确的做法应该是：给下属一定的自由空间，不要试图把他们套在自己的小圈子里，分派任务时，多强调目的、结果，而具体完成任务的方法、手段，则应该由下属自己负责。

③勇于认错、改错

领导犯了错，绝没有掩盖的必要，欲盖弥彰，反而影响到自己的形象和威信。勇敢地把错误承担下来，或者公开道个歉，这未必是一件坏事，说不定还会带来意想不到的效果。勇于认错、改错并不是把污点扩大，适当地认错，可以把污点变为亮点，这就是小过不掩大德的道理。认个错，当即改正它，这实际上是在显示领导者本人的"大德"，也在无形中为大家做出了榜样。

为什么我们这么强调领导者要有健康的心理素质呢？我们知道：下属总是会更多地信任那些敢于挺身而出，承担重大责任和艰巨任务的领导者。有时油滑谄媚、善拍马屁的领导者也许会获得上一级的宠信，但下属决不会信赖他们。

### 7.3.5 以身作则

领导者要想增强凝聚力，应该把"照我说的做"改为"照我做的做"，这就叫以身作则。

有一句格言说：知道不等于得到。这句话的意思是说：知道不等于悟到，悟到不等于做到，做到不等于得到。现在有些领导者总对他的下属这样说："照我说的做。"可他们不明白，这是下下之策。真正的上上之策应该是："照我做的做。"

领导者的工作习惯和自我约束力，对下属起着十分重要的影响作用。

古人说："上梁不正下梁歪。"一个领导者只有严格地要求自己，起带头表率作用，才能具有说服力，才能增强自己的凝聚力。

有一次石油大王洛克菲勒穿着运动装去公司上班，此后几个星期他公司所有的男性下属都穿着运动装上班，这个时候洛克菲勒才意识到自己犯了一个严重的错误，于是他马上又恢复了他应有的工作形象，不久他的下属们的形象也都得到了恢复。

同样，作为现代领导者也必须以身作则，用无声的语言说服下属，才能形成亲和力，才能表现出高度的凝聚力。

# 八、沟通能力修炼

　　组织工作的开展在很大程度上要通过从上到下的纵向沟通和从左到右的横向沟通进行。沟通不但可以使不同的见解达成统一，而且还能通过沟通化解矛盾，理顺关系，推动组织链条各个环节实现良性运转。

leadership

# 8.1 沟通的过程和技巧

管理沟通是企业或组织领导者为了实现组织目标，在履行管理职责，实现管理职能过程中所进行的有目的、有计划、有组织的职务信息传播活动和信息互动交流过程。

沟通是企业组织的生命线。管理的过程，也就是沟通的过程。没有沟通，人与人之间就会各行其是，如同一盘散沙，形不成一个统一步调、统一意志的组织。如果领导者能把自己的沟通能力发挥得淋漓尽致，这盘散沙就会凝聚成一团，人与人之间就会实现联合与互动，为一个共同的目标而齐心协力，风雨同舟。有时候，在团队内部不怕产生矛盾，也不怕产生隔阂，怕就怕没有必要的沟通手段，从而把矛盾和问题越结越深。所以领导者作为组织的领导力量，必须掌握管理沟通艺术。

## 8.1.1 了解沟通的内涵

沟通的目的是让对方清楚你的意思，取得共识，或找出异同点，或发现问题、解决问题。主要包括以下四个方面的内容。

（1）领导的思想

也就是说，你的意思是什么？你想表达什么？你沟通的内容有哪几项？你说这些话的主要目的是什么？等等。你要清楚自己需要表达的内容。

（2）传达的方式

针对要表达的内容，通过什么方式把信息传递给对方？在如何传递信息的问题上，我们可以采用"沙盘演练"的方法，找个虚拟的对象操练，体会其中滋味，并加以改善，会减少不必要的损失。

（3）接收的方式

对传来的信息，通过什么方式接收？对传递的信号，是接收还是拒绝？是口头答应，还是暂时表态？如何对信息进行过滤？

（4）结果与影响

接收方对发送方传达的信息有什么反应？结果怎样？影响如何？当

你批评下属时，他是很情愿接受你的批评，还是表现出愤愤不平？是敢怒不敢言，还是你说你的，我照做不误？如果下属很愿意接受你的批评，并付诸行动，就证明你的行为是有效的，沟通是成功的。否则，这种沟通是无效的，甚至可能导致更加不利于沟通和团队合作。失败的沟通会拉大彼此间的距离，内心的门槛会越来越高，防备心理越来越重，沟通的难度也就越来越大。

### 8.1.2 把握沟通的细节

沟通的过程是人与人之间互动的过程，这个过程是由若干人性化的细节组合而成的。细节上出了问题，会影响整个沟通效果。因此，在整个沟通过程中千万不要忽略细节问题。

（1）体会自己的感受

沟通以后及沟通过程中，要了解你自己的感觉。"人贵有自知之明。"要时刻凭自己内在的感觉去体会沟通的效果如何。

（2）洞察下属的感觉

当你呵斥下属时，他表情如何？愤怒、反抗、委屈，还是十分情愿地接受你的批评？这时，要密切注意他的感受，不断调整自己的沟通方式、内容等，以免造成沟通僵化，适得其反。

（3）不强迫，不放弃

不强迫进行沟通，也不放弃任何沟通的机会，以便达到水到渠成的效果。

（4）同理不是表达同意

接纳不是代表接受，同理不是同意。也就是说，对任何事情、任何问题应求同存异。既要民主，又要集中。领导者只有积极参与沟通，敢于讲真话，才能找出隐含在事物背后的问题。

（5）正面表达，不要扭曲

在管理过程中，出现问题，引起争论时，往往有人将问题向着有利于自己的一面去夸大（或缩小），粉饰自己，转移大家的注意力，减轻自己应负的责任。这种方式扭曲了事实真相，使沟通管道堵塞，为未来的沟通留下隐患。

（6）避免争论对错

在沟通过程中，主要是让双方把自己的思想全部如实地表达出来，这就达到了沟通效果。不要对事物的对错进行争论，这样会使沟通遭遇障碍。

（7）认真聆听讲话

尊重他人，不要轻易打断下属的谈话，要认真聆听，并加以分析，准确把握沟通的有效性。

（8）感情与理性并重

不要因为一时激动而伤了以往的感情。在沟通的过程中，要有强烈的感情，更要有高度的理性。这时，尤其不要使用敌对的态度，包括眼神、肢体。理智是第一位的。

### 8.1.3 了解沟通的程序与步骤

有效的沟通除了要靠信息的正确传递外，还要靠对信息的准确理解，而很多领导者只注意前者而忽视后者，所谓的信息沟通只是"传送"问题，即把信息由一个人传递给另一个人而已，并没有考虑到接受人是否理解，是否接受。这样的沟通是很难奏效的。有效的信息沟通包括四个步骤：注意、理解、接受和行动。

（1）注意

注意是指接收信息的人专心倾听信息。要做到这一点就必须保证接收信息的人在沟通过程中专心致志，而不是三心二意。否则信息沟通就无从谈起。

（2）理解

理解是指接收信息的人能够掌握所收到的信息的真正含义。要做到这一点，发出信息时应以对方真正理解为准，而不是以是否发出为标准。

（3）接受

接受是指接收信息的人愿意按信息要求办事。对发出信息的人来说，应想办法排除接收信息的人对信息的不信任感。

（4）行动

行动是指信息接收者按接收的信息来执行。要做到这一点，领导者要帮助接收信息的人克服在执行过程中遇到的各种困难，并给予必要的督促和检查。

# 8.2 领导者常用的沟通渠道

沟通渠道是指根据信息源特点而选择和确立的传送信息的媒介，亦即信息传播者传递信息时所采用和借助的基本途径。信息源必须确定何种渠道是正式的，何种渠道是非正式的。一般，正式渠道由组织建立，它传递和接受那些与工作相关的活动信息，并遵循着组织中的权力网络和层级结构；另一种信息形式在组织中是通过非正式渠道来传递和接收的。

## 8.2.1 正式渠道

就是通过组织明文规定的渠道进行信息传递和交流，如组织规定的汇报制度、会议制度，上级的指示按组织系统逐级表达，下级的情况逐级上报等。它包括自上而下的沟通、自下而上的沟通和平行沟通等形式。

自上而下的沟通是由领导者将组织目标、规章制度、工作程序传递给下属人员，沟通方式有各种会议、报告、通告、公司手册、公司刊物等。这种沟通的作用有：为有关工作下指示；为了解工作任务与其他任务的关系，给下属人员提供有关资料；对员工阐明组织目标，增强责任感和工作责任心。此外，这种沟通方式的缺点是，易于形成命令支配型的文化氛围，影响士气；对于下属人员是一种负担；逐级传递信息有曲解、误解的可能，并随着所涉及的人数的增加而增加。

自下而上的沟通是指下级的意见、信息向上级反映。它的信息传递方式包括：建议制度、员工接待制度、职工函件等。这种沟通是领导者从下属中得到信息的一条重要途径。

平行沟通是指组织结构中处于同一层级的个人或群体之间的沟通，比如一个公司经理的几个副手之间的沟通就属此例。斜向沟通是非属同一层级上的个体或群体之间的沟通。

## 8.2.2 非正式沟通

这是正式沟通渠道之外进行的信息传递与交流。例如部门中的员工私下交换意见，议论某人某事等。实际上，在一个组织中非正式沟通占了很大的比重。非正式渠道的信息中定然有许多不确切的成分，但也不乏有价值的东西，有些甚至比正式渠道传递的信息更实际、更有效，因为它往往靠的是较为直接的渠道，没有经过过滤和曲解，是领导者了解实情和民意的最好渠道。领导者可以将它作为正式沟通渠道的补充，认真对待，充分利用。

### 8.2.3 常用的沟通方式

最常用的有书面沟通、口头沟通和网络沟通。

在书面沟通中较常用的是报告书、墙报、公司手册、内部刊物。这种方式的优点是便于反复阅读，仔细推敲，也便于长期保存和查询，并能够保持传递信息的准确性。缺点是需要一定的制作成本，不易随着客观环境的变化而随时修改。文字表达能力较差的信息发布者，可能使接收者难以理解，需要通过口头沟通的渠道加以补充。

口头沟通就是人与人之间的谈话。它的优点是传递速度快、效率高、效果好。形式有会议、面对面的晤谈、电话洽谈等。其中以面对面的交谈最为有效，沟通双方可以直接向对方传递信息，遇有不同意见可以协商，对一方理解不透之处可以仔细切磋。更为重要的是，可以用调动情感、身体语言来正确传递所要传递的信息，同时还可以了解对方的态度和反应。

信息技术与电脑网络技术的发展为组织成员之间的沟通创造了一种新的形式。网络的特点就在于超时间性、超地域性和沟通双方的互动性。通过互联网，一台电脑可以在任何时间、任何地点把需要沟通的双方联系起来，传递信息的速度之快、方法之便是以往任何工具不能比拟的。

## 8.3 领导者常用的沟通技巧

每个人都具有收集和发送信息的能力，能通过书写、口头、肢体语言、情态语言或现代网络语言等各类媒介，有效并明确地向他人表达自己的想法、意见、感受以及态度，同时亦能较快地和正确地接收、解读他人的信息，从而了解他人的想法、意见、感受与态度。沟通技能涉及许多方面，如简化运用语言、积极倾听、重视反馈、控制情绪等等。

沟通并不是一件困难的事，领导者要学会有效沟通，就要掌握以下五点最基本的沟通技巧。

### 8.3.1. 沟通永无止境

你和别人进行沟通，并不一定要在固定的时间和地点，任何时间、任何地点都可以沟通；但如果你要做得更好的话，还是建议找一个时间，与每一位伙伴甚至下属进行一对一沟通。当然，有效的沟通并不限于在办公室内进行，可以在教室内、高尔夫球场上、展示会中、艺廊、餐馆等场所，只要时机适宜，就可以进行沟通。

### 8.3.2 沟通要有充足的时间

领导者决定要和别人进行面对面沟通之前，最好先确定自己有足够的时间进行谈话，不会受到其他事情的干扰，以免良好的沟通气氛、情绪因突发事件而受到影响，让对方误会。

### 8.3.3 沟通之前做好准备

领导者不必针对每天都在进行的例行性或随意式的谈话特别做准备。不过，当你遇到以下这些特殊情况时，就要做好万全的准备。

· 准备推行一项新的改革方案；

· 对于沟通对象的前途或权益有重大影响；

· 宣示大家共同建立一种崭新的、强而有力的企业文化。

建议你在沟通之前，先探讨下面的各种问题。

· 我想做的是什么？

· 我主要的目的是什么？

· 谁会接收到这些讯息？

· 接收讯息的人对这项沟通的主题可能会有怎样的态度？

· 他们对这件事情该知道多少？

· 沟通的时机是否合适？

· 沟通的内容是什么？

· 我想表达的重点是否清楚？

·使用的语气与词句是否恰当?

·细节资料是否足够或会不会太多?

·要求对方采取的行动是否清楚?

·讯息有没有任何暧昧不清之处?

·所提供的事实资料有没有经过求证?

·是否需要对方反馈?

·什么方式沟通最好?留言、打电话还是当面晤谈?

### 8.3.4 创造友善的沟通气氛

①你可以借称呼对方名字的方法,来创造开放、友善和轻松的气氛。

②你也可以用肢体语言表达你愿意放下身份的诚意。记住:只要你愿意,你可以采取任何方法,让对方对你产生美好的感觉,你就可以成功地进行沟通了。

③你可以把你办公室的大门永远敞开着,让别人知道你随时愿意接受别人和你沟通。

# 8.4 领导者沟通能力的培养与训练

沟通是建立良好互动关系的有效方法。良好的人际互动关系,是为一个组织的共同目标贡献力量的主要动力,这种互动关系是否融洽,乃至彼此能否通力合作,直接影响到领导者的工作环境和人际气候。因此,建立良好的人际互动关系,有利于激发整体的活力,形成事业成功的制胜契机。

### 8.4.1 察言观色,善解人意

常言道:人好水也甜,花好月也圆。人在高兴时,心情舒畅,看见高楼大厦,会联想到那是"凝固的音乐";看见车水马龙,会联想到那是"摇滚的诗歌",耳闻目睹,一切都是那样美好,仿佛全是为自己而存在着,眼角眉梢都是笑。一个人情绪好时,容易体谅、礼让、关心和帮助人,也乐意与人攀谈,接受别人的邀请。而人在烦恼时,心情抑郁,欣赏"田园交响曲"，也会觉得是噪音；听到"二泉映月"，也可能想到虎啸猿啼；一切都是那样令人生厌，仿佛都是在与自己作对，似乎眼角眉梢都是烦。情绪坏，容易发火、粗鲁、残酷，不想接受他人的询问，即使甜如蜜、美如花的良言也只感到苦涩和丑陋，甚至动不动就恶语伤人、摩拳擦掌。因此，学会察言观色，留意对方的表情，互谅互让，该躲则躲，当让则让，就可避免许多不必要的纠纷，求得和睦相处。

如果我们每个人都能善解人意。善解人意可以让你知人知面又知心，可以帮助你与人们建立起更丰富、更密切、更有效的关系，以获得权力、成功和爱。对领导者来说，善解人意更是沟通的基本要求。

### 8.4.2 全神贯注，认真聆听

敬爱的周恩来总理之所以为亿万人赞颂，其中很突出的一条就是他听别人讲话的态度极其认真，不论对方职位高低，年龄大小，都同样对待。对此，美国一位外交官曾评价道："凡是亲切会见过他的人几乎都不会忘记他。他身上焕发出一种吸引人的力量，长得英俊固然是一部分原因，但是，使人获得第一印象的是他的眼睛……你会感到他全神贯注于你，他会记住他和你说的话。这是一种使人一见之下顿感亲切的天赋。"我们要以周恩来总理为榜样，完善自己在这方面的形象。概括地说，领导者应该做到以下几点：

①全神贯注地听别人讲话，眼睛注视着说话的人，脑子里要设法撇开其他的事情，将注意力集中在别人谈话的内容上。

②耐心地倾听，不要轻易地打断别人的话，不要因对方叙述平淡而漫不经心，也不要在别人结结巴巴讲不清时，流露烦躁和责怪的神情，更不要在别人讲不同意见时，听不下去，或反驳、争吵。

③有响应地听，通过点头、微笑、手势、体态、语言等做出积极的反应；鼓励对方完整地说出他的意思。

善于倾听别人说话的人，会让人感到他是值得交往的朋友，并愿意与之相处，他与众人的关系也将日益密切起来。专注凝神地倾听别人说话吧，它将使你获得成功与友情。

### 8.4.3 真心诚意，肯定欣赏

要建立良好的沟通关系，必须让对方感觉你非常欣赏他，喜欢他，这样对方才会尊重你，拥护你，喜欢你。而喜欢别人要从看重对方的优点入手。每个人都有优缺点，只有心存善意地去欣赏别人的长处，才会被人衷心地喜欢。反之，要想求得他人的喜欢，也应该做些具体的努力。

①向对方表示深切的关心（要具体）。不关心别人，忽视别人，也就是不肯定其存在的价值，这是最令人难以忍受的。

②牢记别人的姓名。记住了别人的名字，就等于记住了那个人。

③了解对方的爱好。知道对方的爱好，在交谈或交往时，时时以他的爱好为出发点，并在这上面做文章，将使对方感到愉悦。所以我们必须善于把握这一能使对方高兴的线索。

④不忘微笑。微笑是世界通用的语言，它能冲破一切艰难险阻，融化一颗颗冷漠的心。

⑤肯定别人的价值。对于肯定自己价值的人，谁都不会施以闭门羹，他一定会给予你诚恳的协助。

⑥做个好听众。表现欲人人皆有，世上没有人不喜欢别人认真听自己讲话。

要想使别人衷心接受自己的话，受人喜爱是极为必要的一点。虽然是相同的一句话，由自己喜欢的人口中说出和由自己讨厌的人口中说出，听起来的感觉却完全不一样。我们千万不要忘记，对于相同的一句话，人之所以产生截然不同的反应，完全是因为其内心的好恶感在作祟。努力地喜欢别人吧，只有如此，别人才会喜欢你。

### 8.4.4 用心交流，赢得好感

作为一个单位或企业的领导者，设法赢得员工的好感非常重要。对你有了好感，他们才会愿意与你交流和沟通，愿意与你配合和共事。可以说，赢得好感就可以为沟通与合作架起桥梁，用心发现对方的喜好并予以关心，可以赢得多数人的合作与协助。要赢得别人的好感，首先要及时发现别人的喜好，并在交谈时以其喜好为话题，行动上以其喜好为标准，有的放矢，不打无把握之仗。美国前总统罗斯福对每一位到他在奥伊斯塔湖畔家中访问的客人，都能提供各位访客喜欢的话题，经常令访客十分愉快。每一次接见客人之前，罗斯福总统一定详细地调查对方的志趣和爱好，在见面时不露痕迹而自然地把话题引到这方面来，以致所有的客人都有这样一个强烈的印象："罗斯福总统真是一位可亲可近的人。"同时，他们对关心自己志趣、喜好的罗斯福总统，产生了无上敬仰之意和亲切的好感。

### 8.4.5 设计形象，活化沟通

作为领导者，你希望给别人和你的下属留下什么印象？这个印象对你能否顺利实现与他们的沟通至关重要。某种印象的产生和形成，很大程度上取决于你对自身的形象设计，因为在正式沟通之前，通过对你的形象的观察，下属已经与你初步交流过了。你期望别人怎样看待你，主动权完全在你自己手里。现代领导者越来越注重形象。一位形象设计专家指出，领导者的形象包括三个方面：

①你怎样看待自己

一个人怎样看自己决定他的社会姿态和社会存在状况，是其自处能力的内在体现。有些人喜欢故作谦卑，看低自己，妄自菲薄，缺乏自信。因此，对于一个领导者来说，确立自信心是第一位的。

②别人怎样看待你

别人怎样看你，主动权好像在别人手里，你完全做不了主。其实不然，如果你下番功夫，努力建立和突出本身的良好形象，别人怎么会看低你呢？

③你期望别人如何看待你

你期望别人怎样看待你，这才是你最重要的目标。你要是希望别人认为你品德高尚，你就要真正做一个品德高尚的人；你要是希望别人认为你才能出众，你就必须勤勉努力，做一个才能出众的人；你要是希望别人认为你诚实守信，你就必须成为诚实守信的人。你想树立一个什么形象，你就必须修炼相应的内在品质。

要树立自身的职业形象并非易事，有一些步骤必须遵循。不过，一般有两条途径，一条是从内至外，一条是自外而内。最终的目标当然是从内到外，给人一种全新印象和感觉。具体的做法是：确定自己期望变成的形象，并全力朝这个方向努力。

①从较易做到的外表做起。你可以从一些实在的事物，如衣着、化妆、走路姿势、发型、眼镜以及你掌握的新名词做起，一个头脑古板的人一向穿着低沉颜色的制服，给人十分严肃、没味道的感觉。他自己也会因为拘谨、保守的服饰而影响了本身的行为和表现。如果改穿鲜艳的西装、佩戴闪闪生辉的金边眼镜，形象焕然一新，人们会觉得他变得开朗，与人接触时不会再隔着一层屏障。

②时时更新自己的观念。重弹老调总让人厌烦，跟上社会的节拍，及时了解新事物并发表自己的看法，会让下级觉得亲近。

③不断征询别人对你的印象，尤其是第一次见到你的人。这样你会发现自身的变化和僵化的地方。

树立起良好的领导者形象，实际上是为沟通打下良好的基础。因为你的形象产生了强大的向心力，这时你周围的人都愿意追随你。当你想与他们沟通的时候，对他们来说已是一件很快乐的事情。

### 8.4.6 倾心谈话，博取真诚

领导者不能把这些谈话技巧的条文当作教条来使用，而要想真正掌握谈话技巧，需要领导者在长期的工作中反复实践，细心琢磨，不断总结经验。只有倾心相诉，才能博取真诚。

（1）谈话前要预先做准备

领导者要想找下级谈话，事先要认真做好准备。一是要了解需解决什么问题，以及问题的发生、发展过程及其相关因素；二是弄清对方的心理、欲望、情绪和态度方面的特点，以便在不同的谈话环境会产生不同的效果。

（2）要选择适当的地点

对于严肃和重大的问题的沟通，要在办公室内进行，不要在人多或比较嘈杂的地方谈；如交换个人意见，可边散步边交谈，这样可以免除对方的拘谨，有利于问题的解决；如对方心怀不满或情绪低落时，可主动到家走访，以表示安慰。

（3）交谈要有良好开端

谈话是否有一个良好的开端，对整个谈话过程及效果影响很大。谈话有个导入阶段，也称之为预谈。有经验的领导者在谈话时，并不是一开始就搬出一整套生硬的大道理来，而是通过简短的与正题无直接关系的寒暄、问候、体贴，使谈话气氛亲切、融洽、轻松起来。比如对情绪比较紧张的人可先唠唠家常，设法解除其戒备心理，使之乐于交谈。还可以触景生情，想到什么就随意说什么，逐渐地把谈话引到正题上。也可以从一些双方共同语言较多的话题谈起，或谈他所关心的问题等等。先在感情上密切双方的关系，就能够为整个谈话顺利进行奠定基础。

（4）激发下属的讲话愿望

谈话是领导者与被领导者的双向活动，对方若无讲话的愿望，谈话便陷入僵局，以致无法进行。而谈话不仅是信息交流的过程，也是情感流通的过程，只有两者情感交融，才有可能提高谈话效果。这就要求领导者要向对方交心。谈话是双方的事情，你跟人家不说心里话，光想让人家向你交心是不可能的。只有以心换心，将心比心，在心理上有了共鸣，才能有共同语言，实现交流沟通的目的。

（5）启发下属讲实话

谈话所要交流的应当是真实的信息，但有的下级出于某种动机，谈话时弄虚作假，见风使舵，文过饰非，报喜不报忧；有的心存顾忌，言不由衷，这都使谈话失去意义。谈话是否能开诚布公，决定于领导者。具有专制作风的领导者，从根本上就排除了领导者与被领导者坦率交谈的可能性。而在急功近利的领导者面前，下级也会有意无意地虚报情况。所以领导者一定要克服好大喜功、浮而不实的作风，代之以坦率和诚恳的态度，并且尽可能让对方知道，你并不是那种喜欢听假话、愿意别人逢迎的人，从而消除对方的迎合心理。

（6）善用非语言符号

谈话的交际手段分为语言符号与非语言符号两种。语言符号是人们思想信息的载体，但非语言符号在谈话中也起着不可忽视的作用。非语言符号主要有以下几种。

①动作

动作运用得当，能起到"无声胜有声"的作用。当对方精神沮丧、情绪低落时，握手、请茶、递烟等，能传递情感暖流；某种坚定有力的手势，也会使对方精神为之一振。

②目光

目光是心灵的窗户，是意念的交流。在一般情况下，目光注视对方要适当，要自然。人的不同目光包含着不同含意，如赞许、惊讶、恼火、友善等，因此，要善于发挥目光的作用。

③表情

表情是情绪的显露,脸部肌肉神经的不同运动,都有一定的信息意义。如表情认真专注，表明重视对方的意见；表情和颜悦色，表明对对方友好。因此，领导者要善于运用表情来影响和调动对方情绪，为谈话创造良好的心理环境。

④语调

谈话中领导者声调过高，对方会认为不尊重自己，从而产生反感；声调过低，对方听来吃力，也会减少谈话的兴趣。有经验的领导者善于轻声说"大话"，把分量体现在内容和语气上，而不是体现在音调上，大声嚷嚷是缺乏修养的表现。

⑤空间

空间在谈话中也具有信息意义。领导者与谈话对象距离的远近，常常成为表明领导者态度的一种明了的方式。在一般情况下，两人靠得近些，则表明对对方的亲近、友好。因此，在条件允许的情况下，双方不要人为地拉开距离，应尽可能在空间上接近。

⑥时间

时间在谈话中也有独特的信息意义。首先，谈话应选择最佳时机。如对方感到苦闷，或出现不良苗头，或遇到天灾人祸等，这种时候谈话已成为对方的精神需要，可收到吹糠见米之功效。其次，在时间上要尊重对方，当长则长，当短则短，一次谈不完，下次再谈。

# 九、协调能力修炼

协调就是使组织机制运转和谐一致，配合得当。领导者是一个组织或一个部门的核心，更应该重视协调能力的培养，并利用组织协调推动整个团队的良性运转和组织目标的顺利实现。

leadership

# 9.1 协调的作用和内容

领导者做好协调工作的目的，是在组织目标的引领之下，使组织内部上下级之间、部门之间、人与人之间、人与组织之间的关系达到和谐一致，相互配合，导顺抑逆，保证组织活动和组织目标顺利进行与实现所采取的调节措施、对策和方法。它是让事情和组织行为有合适的比例，建立各种力量的平衡关系。协调是一名领导者必须具备的领导艺术，只有掌握了领导的协调艺术，才能当好事业"大合唱"的指挥者。

作为一个单位或部门的领导者，需要正确处理组织内外各种关系，为组织正常运转创造良好的条件和环境，从而促进组织目标的实现。团队管理需要协调，发展经济需要协调，市场竞争需要协调，人际关系需要协调，领导者作为一个单位或部门的主导者，必须弄清楚协调的作用是什么，协调的内容是什么，只有将这些要素烂熟于心，才能最终使自己的协调能力上一个台阶。

## 9.1.1 协调的作用

一个高明的领导者或主管，在管理下属时所展现出来的沟通协调技能，就像一个优秀的作曲家谱写的一支曲子。虽然 1234567 的音调高低不同，但只要通过不同的节拍，有机地把它们组合在一起，就能奏出优美动听的乐章来。协调在领导活动中主要有四大作用。

①统一作用

当今时代，社会分工越来越细，因此，与此相应的机构、部门也越来越多，领导工作的分工也就越来越具体，这就势必产生和形成了协调各部门之间关系并使之适应自身发展与工作运作的问题。要解决这一问题，领导者必须不断地进行协调，从而使所属部门及人员都能各司其职、各负其责、各尽所能，并在工作中互相配合、互相支持、协调关系、理顺情绪、化解矛盾、增强团结、创造良好的工作环境。

②导向作用

领导者在协调过程中，必然要传达和沟通各种信息，这势必对被协调部门和人员产生影响。导向功能就是通过协调过程中的信息交流，使各部门及相关人员了解领导者的意图和相关情况，并通过沟通理解，进一步加深认识，使自己有个明确的方向，以便调整自己的工作目标，最后达到整体的协调运转。

③控制作用

不论哪一项工作的开展，协调都是贯穿全过程的重要环节。因此，为了控制不稳定因素，确保工作组织系统始终如一地向着既定目标平衡发展，领导者就必须根据各种信息的变化，不断进行协调。这种跟踪协调，一般是通过适当的协调方式去排除有害的信息，从而减少不协调的成分，以保证工作系统按预期目标平衡运作。

④放大作用

如果协调有序，整体的领导工作效能就会小于各部门工作效能之和；反之，各部门工作效能之和就会大于整体工作效能。而领导者的协调作用就是通过对部门内外关系的调整，发挥放大作用，获得最大的整体效能。

### 9.1.2 协调的内容

①纵向协调

纵向协调是指与有隶属关系或上下级关系的部门或人员之间的协调。

与上级领导和机关的协调。一是要认真地贯彻执行上级的批示、决定和命令，取得上级的信任，这是下级与上级协调好的主要前提。二是作为被领导者，下级必须主动与上级进行沟通，以保障沟通道路畅通，使下情及时上达，如口头汇报、信息传递、请示、报告等，使上级掌握情况，以便取得上级的支持。三是及时反馈信息，作为下级，在上级决策前后都要及时反馈信息，使上级了解下边的反应，有利于上级做好决策、完善决策。

与下级部门和所属人员的协调。一要经常向下级通报信息和工作情况，使下属及时了解领导意图，更好地贯彻执行上级的决策。二是尊重下级的权利和利益，在决策和执行过程中，都必须充分考虑下属的承受能力，不损害下属的利益。三要经常深入基层，进行调查研究，更多地掌握下属的情况，主动关心下属的工作及生活问题，使下属对领导者更加尊重、信任。

②横向协调

领导者工作的横向协调是指领导者与领导者或部门之间的协调。

部门之间的协调。它主要包括三方面内容：一是目标协调，使每个部门都了解自己与总目标的关系和责任，为实现总目标而共同努力；二是信息协调，就是互通情报，加强部门间的交流与沟通；三是工作方面的协调，其中包括计划协调、组织工作协调、控制协调等。而所有这些，都是在实现总目标的前提下开展工作的。

领导者之间的工作协调。领导者之间的协调说开了就是同级组织协调。它主要包括四项内容：一是互相尊重，做到热情诚实；二是严于律己，宽以待人；三是彼此理解，尽可能分权不分家，并保证同心同德，通力合作；四是同舟共济，做到相互协调，相互依靠，相互依存，患难与共。

# 9.2 领导者做好协调工作的方法

作为一名领导者，日常要处理好方方面面的关系，如凝聚班子成员的团结关系，加强沟通的上下关系，原则面前的亲属关系，相互交流的友邻关系等。协调好诸多关系，不仅需要良好的政治素质、品格素质、知识素质和能力素质，而且更要讲究方式与方法。

## 9.2.1. 确立清晰的思路

协调每一件事情，都要根据协调内容和具体要求，把握住基本点，制定周密细致的协调计划，确立清晰的思路，研究协调中可能遇到的问题及对策。首先，要坚持实事求是、求真务实的原则。这不仅是一个工作原则，同时也是一种工作作风的体现。只有坚持这一原则，才能体现领导者扎实的工作作风，使各方配合，形成科学合理的协调思路。其次，要具有开拓创新的观念。也就是说，协调工作要有新思路、新思想，坚持在创新中求发展，在发展中求创新，不能自以为工作经验丰富，就单纯地凭经验办事；不能因为自己是领导，就主观武断，听不得不同意见。再次，要有明确的观点。没有明确的观点，就抓不住主要矛盾，就不能够准确把握各方的实际情况和实际需要。而确立明确的观点，就要针对各方所处环境的不同、从事工作的不同，以及存在的问题和矛盾，进行认真研究。最后，要做到心中有数。要用联系、发展的观点来看问题，承认差异，照顾个性，具体情况具体分析。心中有数，工作才能有条不紊，忙而不乱，达到最佳效果。心中没数，就必然导致工作的盲目被动，甚至导致组织协调工作的失败。

### 9.2.2 掌握详尽的资料

做协调工作需要明确的观点，而明确的观点来自于对情况的掌握，这就要求我们立足需要解决的实际问题，搞好调查研究。如果不进行深入细致的调查研究，就会在协调中无所适从。因此，调查必须深入细致，认真了解对方的基本情况和实际需要，以及解决问题所应具备的条件。同时，调查研究要抓住重点，要把有限的时间和精力充分投入到解决重点和难点问题上。调查深入了，重点找准了、抓住了，还要把功夫下在分析研究问题上。对调查中收集到的材料，要进行认真的分析梳理，去粗取精，去伪存真，得出科学的结论。

### 9.2.3 投入真挚的感情

情感是人对客观事物的一种态度。在协调工作中，领导者的情感对下属产生着直接的影响。要把感情投入到整个事件的调解过程中，使协调对象能够感觉到你为他们付出了真情，从而达成理解，形成共识。投入感情，要有诚恳的态度，既要符合原则规定，又要据理力争。不能讲起话来轻描淡写，使听者无动于衷；不能敷衍了事，使听者不为所动；更不能态度蛮横，使听者产生反感情绪。投入感情要尽心尽责。被协调各方有不同意见是很正常的事情，这时候领导者须尽心尽责，履行好领导职责，坚持把工作做好，把分歧化为统一，把矛盾化为乌有，把思想统一起来。只有尽心尽责，才能说明领导者的感情是真挚的，对工作是投入的。如果缺乏尽心尽责的精神，被协调各方就会各执己见，很可能导致工作的失败。正如唐代诗人白居易所说："感人心者，莫先乎情。"

### 9.2.4 具有宽广的胸怀

领导者在协调工作中，常常会遇到不被人理解的事情，听到各种各样的议论，遇到这些情况时首先要沉着冷静。要认真听取别人的意见，对于正确的意见，要及时采纳，使自己的协调工作计划更加完善；对于不正确的意见，也要保持正确的态度，有理、有据、有节地进行批驳。其次要心地坦诚。只有去除私心杂念，坦诚地对待各方，才能与被协调者坦诚相见，达成一致意见；才能保证公开、公平、公正地处理好各种矛盾，完成协调任务。同时，还要胸怀宽广，尤其在被别人误解时，要进行主客观多方面的分析，不能以为人家和你过不去而抱个人成见。"海纳百川，有容乃大"。做到了这一点，协调工作才能有所作为。协调工作涉及各个方面的多重关系，因此，领导者必须要有宽广胸怀和气度，否则协调工作就难以达到预期的效果。

### 9.2.5 把握原则的界限

原则是开启"心锁"的"金钥匙"，原则把握得好，各种矛盾和问题就会迎刃而解，否则，不但旧的矛盾和问题解决不了，反而会增加新的矛盾和问题。协调时要立足于对方的实际情况，把握好原则界限，把协调工作做扎实。把握好协调原则，就要站得高，把握正确方向，不偏离政策界限，不偏离原则规定，要在政策规定的范围之内解决问题，一切从实际出发，坚持以事实为根据，既要考虑甲方的实际需要，也要考虑乙方的实际困难；既要考虑甲方的态度，也要考虑乙方的承受能力。把握好协调原则，还要注意，不管是甲方还是乙方，工作中或多或少都有漏洞，协调时要注意补台，不能拆台；多说好话，多介绍优点，不在各方之间说长道短，不在大庭广众之下揭某一方的短处。只有这样，才能促使各方相互取得信任、理解和支持，愉快地接受协调。

### 9.2.6 讲究语言的艺术

"良言一句三冬暖，恶语伤人六月寒。"领导者要讲究语言艺术，做到真实、准确、全面。真实，就是不讲假话、空话，说的每句话，使人听了都觉得"是这么回事","是这个道理"。准确，就是要抓住焦点，主题集中，合乎逻辑与科学。全面，就是不搞片面性，不说绝对话，讲事要周全，说理要全面。在组织协调工作中，针对不同的单位环境，不同的对象，一定要谨慎，不能语无伦次，不能伤人家的感情。否则，就会使工作由主动变为被动，人为地增加协调难度。同时，协调工作是一项启发性的工作，要把双方的思想统一起来，还要多做启发诱导性的说理，使各方从中悟出道理，达成一致。此外，还要增加语言的生动性和趣味性，用幽默诙谐的语言增强协调的吸引力、感染力，使各方在愉快的气氛中达成共识。

# 9.3 领导者怎样培养协调能力

协调能力是指领导者根据工作任务，对资源进行合理分配，同时有效控制、激励和协调群体活动过程，使之相互融合，从而实现组织目标的能力。提高领导者的协调能力，最基本的途径就是理论与实践相结合。

## 9.3.1. 扩充知识视野

扩充知识视野就是使自己的知识面不断扩大，绝不能只局限于精通本部门的有限知识。因为专才只能做好分内的业务工作，只有通才才能既熟悉业务又善于管理和协调。人类科研史上著名的"曼哈顿工程"的故事也可以充分说明这一点。1942年，美国开始组织实施研制原子弹的"曼哈顿工程"，工程领导人的选任是个令人头疼的问题。参加该工程的科学家和工程技术人员共15万余人，其中有世界一流的物理学家爱因斯坦、康普顿、费米等。这些人都是"专才"，不适宜担任领导工作。经过反复考虑，美国总统罗斯福选中了奥本海默为这项工程的领导人。

罗斯福为什么要选择他呢？原因在于他不仅是科学家，而且知识面广，有组织管理能力，善于协调科学家们共同工作。事实证明，罗斯福的选择是英明的。

### 9.3.2 积累工作经验

领导者除了要具有广博的管理知识以外，管理工作经验的积累也是必不可少的。这是提高领导者协调能力的又一条重要途径。理论来源于实践，又反过来指导实践。现代管理科学的理论就是通过无数的管理经验、不断地概括、总结，使之系统化、理论化而逐步形成的。因此领导者应当不断地总结自己的管理经验，并注重学习和吸收各方面的成功做法，这样日积月累，便可以使自己的协调能力逐步完善和提高。

### 9.3.3 增强人格魅力

人格魅力是一个人心理素质和修养的外在表现，它能反映一个人的道德品质、思想情感、性格气质、学识教养、处世态度等。领导者能否为下属所接纳，是否具有人格魅力，关键在于他在别人心目中的形象如何。领导者形象的好坏，直接影响到协调能力的发挥。为了协调好与他人的关系，充分展示自己的人格魅力，领导者必须优化社会交往中的领导形象。

找到自己的优势，也就能提高你的人格魅力，充实你的协调能力。不同类型的人在人际交往中都有其优势和劣势，比如性格外向的人比较容易与人沟通，并很快打成一片，但性格内向的人也会给人稳重踏实的感觉；口齿伶俐、能言善辩固然很吃得开，但用不好也会给人不可靠、不成熟的感觉。

### 9.3.4 养成良好社交习惯

良好的社交习惯对于一个领导者的协调能力的影响很大。养成良好的社交习惯会使许多复杂棘手的人际难题迎刃而解，会使领导者处于以不变应万变而雷打不动的状态，赢得人们的尊重和喜爱。养成良好的社交习惯，是领导者成为人际协调高手的必由之路，是领导者事业成功的良好开端。

在对下属的管理过程中，领导者应时刻以下属为中心，而不要沉浸在自我意识中。如果能透过一些现象洞察对方的内心境界，领导者的自信会越发增强，就会以热情的态度面对下属了。比如，某人喜欢看戏曲，若一开始就大谈戏曲，他定会喜欢的。等到他心花怒放时，一切就容易解决了。只有了解了对手，才能解决一切协调难题。

　　要增强自己的协调能力，必须得到别人的合作，需要了解别人的意愿，因为对方的感受和投入程序是决不会与你相同的。假如你自己不吸烟，甚至对烟味极度讨厌，这不过是你个人的感觉，但你的吸烟的朋友可以不同意你的感觉，如果他们也和你一样厌恶烟味，他们就不会吸烟了。因此，你向那些吸烟的朋友表示你厌恶吸烟是没有效果的，你只要说"不吸烟"就够了。人们常用对牛弹琴来讽刺这种不辨对象、不合时宜、盲目行动的愚蠢做法。

　　通常，人际协调的过程就是情感交流的过程，复杂的人际关系常常使人在结交时悲喜交织，苦乐参半。一次交往中引起的不如意，常常会影响下一次交往的情绪，造成情感表达的不适当，使预期目标达不到。要避免这种情况就要学会控制自己的情绪，及时地进行心境转换，同时注意了解别人的心态，以一个玩笑或一句妙语去掉感觉上的不快。

　　从某种意义上说，信息和情感是一对孪生姐妹，二者密不可分。在与对方交流时，要尽力使自己的情感与对方输送的信息内容协调一致。如果你表情呆板或愁容满面地向朋友祝福，会引起朋友的怀疑；若春风得意地向人报丧，也会被认为是在幸灾乐祸。因此，培养协调能力，在人际协调的过程中注意选择空间，还要配合当时当地的情况，运用一定的人际协调技术，随机应变，以便在协调人际关系时事半功倍，达到预期目标。

### 9.3.5 掌握语言技巧

　　从古至今，人要在社会中生存与发展，就得使用语言这个工具互相交流、互相协作，进行最基本的社会交往活动。语言是帮助人们传递信息、交流思想、表达感情的媒介。一个领导者的语言表达能力如何，不但能决定这个领导者个人协调能力的大小，而且还能决定他一生的得失与成败。练就一副好口才，是领导者在现代社会活动中立于不败之地的重要保证。

　　英国思想家培根曾说过："交谈时的含蓄得体，比口若悬河更可贵。"委婉实际上可以说是一种修辞手法，即在讲话时不直陈本意，而是用委婉之词加以烘托或暗示，让人思而得其意，而且越揣摩，似乎含义越深、越多，因而也就越有吸引力、说服力和感染力。在社交中，人们往往遇到不便直言之事，只好用隐约闪烁之词来暗示。说话直言不讳是许多人所推崇的，但是生活中，并非处处都能直说，有时非得含蓄、委婉一些，才能使表达效果更佳。直道跑好马，曲径可通幽，各有各的妙处。

### 9.3.6 真诚关心下属

人是感情动物，感情有时能起到比理智更大的作用。上下级之间有了一定的感情，就能减少误会，增加信任，使上下级之间同心同德。上级多为下级着想，下级主动为上级分忧，产生了纠纷，也容易消除。对领导者而言，富有"人情味"是获得下级拥戴的重要条件。在西方，很多经理把培植下级的感情作为管理的一个重要内容，不惜投入大量的精力、财力。经理们把这叫作"感情投资"或"人本位经营"。

关心下级，关心群众，应该是领导者情感的真诚流露，而不应只是做做姿态、树树形象之举。

培植与下级的感情，与员工谈起话来就更轻松自然。培植与下级感情的办法很多，和下级在无拘无束的气氛中聊聊天，就是有效而又简便的方法。为使聊天亲切随便，领导者应尽可能对下级有较多的了解，包括他们的经历、家庭、性格、爱好等。日本天野公司总经理用很多精力了解员工情况，特别是对新员工了如指掌。他可以不看材料就叫出每个新员工的姓名，说出他们从哪个学校毕业、他们的家庭状况、入公司的考试成绩和个人爱好。因此，他和员工谈起话来轻松自然。

领导者还可以参加下级举行的业余活动，如文艺演出、体育比赛等。事物的性质总是在活动中改变的。在热烈而又丰富多彩的活动中，人们之间往往增加了了解和亲近感。关心下级的生活也是联络感情不可缺少的。下级结婚时前往祝贺，在下级生病或生活困难时去家访，帮助解除后顾之忧，这都有助于联络感情，但记住：一切尊重和关心都应是真诚的，只有真诚才能换回真心。

# 十、创新能力修炼

　　领导者要想把团队一步步带到更高的目标，就必须让创新思维注入自己的大脑并运用于管理中。领导者只要开动脑筋，就能不断开创新思路，巧妙地完成各项工作。

leadership

# 10.1 创新能力是领导者的核心素质

"素质"是人从事一定活动必备的基本能力，包括生理素质、心理素质、知识素质、能力素质和思想政治素质等。在正常人身上，由于社会阅历和个人修养不同，各方面素质又有高低之别。

因为领导者活动具有综合性、复杂性、多变性的特点，所以，领导者工作是一种创造性的活动。这种创造性的活动就需要领导者具有不断进取、开拓创新的能力。尤其是在现代科学技术日新月异、信息瞬息万变的时代，工作的多变性和动态性更加显著，形势复杂多变，机会转瞬即逝，领导者如果不善于顺应形势，解决新问题，开拓新领域，就无法跟上形势的变化，只能使自己的工作处于被动。

因此，在新时期领导者的整体素质中，创新能力成为最重要的核心素质。单纯的"有知识""会管理""能力强"等等，已经不能适应现代经济和社会发展的需要，已经无法做到有效管理，还要会创新，才能实现有效的管理。

# 10.2 领导者创新能力的培养

做事有两种方法，一是创新；二是模仿。善于创新的人，总能在别人看不到机会的地方发现新的出路，找到起死回生的办法；模仿别人的人，即使机会从天上掉下来，也常常是两手空空。领导者具有创新能力，有助于推动基层工作的改进，有助于激活员工的潜能。

领导者应该从以下五个方面培养创新能力。

### 10.2.1 培养科学的探索精神与批判精神

创新在某种程度上是对传统的一种扬弃。如果把传统的东西视为绝对完善和神圣不可违反的东西，不敢越雷池半步，那就永远不会有创新。在现实中，传统往往是与"权威""上级""书本""经验"等等联系在一起的。要创新，就要解放思想，实事求是，就要有怀疑精神和批判精神，做到不迷信权威，不固守经验，不拘泥框框，"不唯书、不唯上、只唯实"。这里的"怀疑"，不是怀疑一切，而是指遇事问个为什么，不盲目相信和崇拜；这里的"批判"，也不是否定一切，而是指对事物采取分析的态度。有创新精神和创新能力的领导者，尊重知识，尊重人才，尊重上级，珍视经验，依靠专家，但又不迷信他们。当这些与实践发生矛盾时，他们又会从实际出发，尝试用新思想和新方法来解决问题。这就是创新。

### 10.2.2 加强知识积累和提高学习能力

知识与创新密切相关，不存在离开知识的创新能力。知识是能力的基础，一个人没有某方面的知识，就不可能有这方面的能力。创新是建立在既有认识成果（知识）基础上的。知识越多，经验（经验广义上也是知识）越丰富，产生创新的可能性就越大。缺乏最基本的知识，不可能有创新。在知识经济社会，人类的知识朝着两个方向发展，一方面在爆炸性地积累和增长；另一方面又在急剧地更新和老化。工业经济时代，一个人在大学里所学到的知识可以受用终身，只有很少一部分会过时和老化。知识经济时代则不然，如果以现在公认的知识半衰期 6 年计算，一个大学生毕业时，其 4 年所学知识可能有 30% 已经老化。一个知识渊博的人如果停止学习，很快就会变成一个知识贫乏、孤陋寡闻的人。知识经济社会是一个学习型社会。领导者只有站在时代前列，善于学习和不断学习，掌握所需要的知识，才能跟上时代步伐，不断进行观念创新和实践创新，否则，就会被不断变化的时代所淘汰。

### 10.2.3 培养强烈的创新意识和多维的创新思维

创新意识是一种敢为人先、不断进取、求新求异的心理状态和思想意识，是创新活动的前提。有了创新意识，才能主动研究新情况，解决新问题，开拓创新；才能及时抓住机遇，审时度势推动创新；才能自觉克服思维定式的消极影响，运用新思路去思考问题；不断创新，才会自觉地把国家政策和上级指示与本地区、本部门的实际情况相结合，在"结合"中创新。在组织观念上、技术管理上、制度设计上创新，做到人无我有，人有我新。

有的人学富五车、满腹经纶，却没有丝毫创见，一个很重要的原因就是缺乏创新精神和创新意识。当然，有了创新精神和创新意识并不一定就能创新，要创新，还必须借助创新思维。创新思维是在一定知识、经验和智力的基础上，灵活运用各种思维方法、创造新的思维成果的思维活动。创新思维是求异性思维，它不满足于常规的思维方式和方法，不乐于跟在别人后面亦步亦趋，而是在求异求新中发现改变现状的契机和机遇。创新思维又是整合性思维，它运用新的思路和方法，对已有知识和经验进行新的组合、转移和应用，从而创造出前所未有的新成果；创新思维还是联想性思维，通过横向联想、纵向联想、逆向联想、超时空联想等多种形式，找到解决问题的新方法。领导者要不断进行观念创新和推动实践创新，就要自觉地培养多维的创新思维。

### 10.2.4 培养健康的个性和独立性

个性是个人比较稳定的心理和行为特征的总和。由于生理素质和生活经历的个体差异，每个人都有自己不同于他人的个性特征。独立性是指主体具有自主性，在思考和行动时能够自由做出决定，不受他人的干扰和支配。创新与个性和独立性密切相关，因为创新虽然是社会和认识发展到一定阶段的必然产物，但最初的创新总是由个别人做出的，需要个人的独立思考和创新思维。没有独立思考，就没有创新。

### 10.2.5 培养高瞻远瞩的战略思维能力

就范围和社会影响而言，创新分为局部性创新和全局性创新、战术性创新和战略性创新。全局性和战略性创新是根本性创新，离不开对全局的观察、了解和把握。只有站在全局的高度，把握事物的本质、规律和发展趋势，才能进行全局性战略创新。

领导者的创新主要是战略性创新。战略思维能力是一种综合能力，包括洞察全局、透过现象抓住本质和规律的能力，运筹帷幄、驾驭全局的宏观指导能力，审时度势、当机立断的决策能力，高瞻远瞩的预见能力，发现、把握、利用机遇的能力等。领导者不同于一般科技人员和普通员工，他们是管全局的，其主要职责是对全局的运转和发展进行战略谋划，提出发展的大思路，制定相应的政策、策略和措施，因而尤其需要培养训练驾驭全局、高瞻远瞩的战略思维能力。

## 10.3 创新的内涵与三个重要环节

创新具有广泛的内容，下面我们针对企业经营决策，介绍与创造性思维有关的概念。

建议，是一种有针对性、目标性的点子，是一种可以"干什么"的主意。

策略，是一种方法性的点子，是"怎么干"的主意，也称为计谋、谋略。典型的策略如"借鸡下蛋""拾遗补缺""小材大用""木马计""美人计""苦肉计"等等。策略也不一定非得是典型的、完整的计谋，只要是实用的方法、创新的点子便都可称为策略。例如，食品商场把价格相近的糖果品种以同一个价格集中开架陈列，让顾客自由组配什锦糖果的比例，这一简单的点子就是一个促销的策略，并可以总结出"散装商品均价自选销售法"，能扩大推广到相似的销售场合去促销。

创意，是由建议与策略相结合而产生的有价值的创造性思路。是一种"干什么""怎么干"的全新的战术性思路。例如，"借用某学院的科技力量、某公司的资金、某工厂的加工能力，通过股份制的形式，一起来合作开发一种机电一体化的电脑控制功能最先进的电冰箱"，这就是一个由"开发升级换代的新型电冰箱"的建议，与"机电一体化的技术方法""借用外力优势互补的方法""用股份制实行规范化合作的方法"等策略构成的有价值的创意。

策划，顾名思义就是策略加上谋划。策划是针对明确而具体的目标，通过各种信息的启发，对由一定的建议与策略构成的创意，做出具体的构思和设计，并形成系统而完整的方案的整个运筹工作。策划不是建议，不是策略，也不是决策，而是实现建议的创新谋划，是策略的具体创新运用，是为决策服务的准备方案。简言之，策划即是对未来的行动，谋划"干什么""怎么干"以及"何时干""何地干""何人干""如何具体地干"的方案设计。

决策，顾名思义就是决定对策，是个人或群体决策者为实现某个确定的目标，对所准备的一些策划方案的选择或综合。简言之，就是"拍板决定"。从发生的顺序看，是先有建议、策略，后有创意，再有策划，最后才有决策。建议、策略、创意与策划是为决策服务的，它们都是创造性思维活动的产物。

作为一种具体的实践性的活动，在创新过程中要注意把握好以下三个重要环节：

### 10.3.1 善谋大事、善干实事

在新的发展时期，领导者要把创新的着力点放在谋大事上。实践证明，领导者一定要在充分把握全局发展方向的前提下，根据本地区、本部门的实际情况，大力发扬求真务实精神，力戒形式主义，集中时间精力，看准一件事做一件事，做一件事成一件事，在大事、实事上闯出路子干出成效来，真正做到善谋大事，善干实事。

### 10.3.2 善攻难点、善破难题

领导者在创新活动中就是要勇于挑重担，着力攻难点、破难题，以多向思维，想别人所未想，谋他人所未谋。领导者也要率先垂范，深入基层，抓好难点、热点问题，以此推动全局工作，提高整体效应。

### 10.3.3 善抓落实、力求实效

领导者在创新活动中，要善于为下属创造好的工作环境和氛围，营造催人奋进的激励机制，让每一位下属的工作潜能最大限度地释放出来，这样才能把创新思路落到实处。首先，要善于为下属搭建干事的平台，给下属以足够的信任，让他们在自己的领域内尽量施展才干，各显神通。当他们取得成就时，要充分地肯定并予以推广，同时引导他们再上升到更高的高度。当他们遇有困难或挫折时，要为他们充当"靠山"，主动替他们承担责任，以保护其旺盛的工作斗志。其次，要营造良好的干事

氛围。从一定意义上讲，选拔任用是一种重要的激励方式。在选拔任用中要善于引用竞争机制，一方面通过公开选拔、优化组合、交流换岗、民主测评等途径和方法，把一批有作为的好下属选拔到领导岗位上来；另一方面，应该通过试用制、末位淘汰制、聘任制等形式，建立健全领导者"能上能下，能进能出"的考核机制，实现优胜劣汰。与此同时，还要抓住思想政治建设这个根本，进一步强化领导者的服务意识、创业意识、发展意识和危机意识，这样才能不断优化环境，确保整个团队成员保持良好的精神状态。

## 10.4 领导者必须具备的创新能力

作为领导者要具备五种创新能力，才能全面提高工作效率。

### 10.4.1. 观念创新

领导者的观念决定其开展工作的指导思想。组织要持续发展关键在于观念的创新与思想革命。观念创新是领导者工作创新的关键。

人的思维模式有相对稳定性，而观念的创新要求改变原有的思维模式，必须从根本上对其进行大刀阔斧的变革才能达到观念的创新与转变。在此基础上开展工作，才能创造出前所未有的佳绩。

要做到观念创新就必须不断地学习，学习是转变思维模式的基本手段。

### 10.4.2 技术创新

技术创新是决定一国经济竞争力的重要因素，目前在我国对技术创新的需要比以往任何时候都更加迫切，作为领导者要充分认识技术创新的重要意义，努力激发员工的技术创新意识，针对各种技术难题，积极组织攻关活动，并为技术创新创造氛围，提供条件，设立奖励制度。这样，组织参与市场竞争的核心竞争力才能提高。

### 10.4.3 组织创新

对领导者来说，组织是领导开展工作的依托，组织创新尤为重要。

组织结构反映组织内任务分配、上下级的关系以及授权形式。组织结构直接决定了组织中正式的指挥系统和沟通网络，不但影响信息流通和利用的效率，而且影响组织的功能。

组织与任何生命体一样，有其生命周期，有产生、成长、成熟和衰亡的过程。为延长组织的生命周期，增强其生命力，就要不断地对其进行调整、变革和创新。

组织变革和创新的根本目的是为了自身的生存和发展。为了这一根本目的，就可以通过改革组织适应环境变化的方法，改革组织成员的态度、作风、行为方式，以提高组织的适应能力。在组织发展的不同阶段，其结构也必然要随之改变，从而使组织适应自身发展的需要。

组织变革、创新的目标就是要建立起有机和弹性的组织机构。这种机构是指企业未来的组织机构应以有机和弹性为基本特征，以适应变化的环境。有机就是说明有生命力，即该组织机构是学习型组织机构；有弹性说明有伸缩力，即该组织可以自由发展与变化。

### 10.4.4 制度创新

领导者最重要的使命就是改变先前以强制和约束力为主的管理制度，代之以民主、信任和激励为主的新型管理制度，以促进组织的健康成长。

对于我们国家来说，规范合理的管理制度是指融"情、理、法"为一体的中国式管理制度，既有规范性，又应有合理性，还得带有人情味，因为对组织的管理归根到底是对人的管理。

卓越的领导最大优点就是能充分认识到人的作用，最大限度地调动与发挥员工的积极性与创造力，这一切都必须靠合理的管理制度。

### 10.4.5 管理创新

管理创新本身是由解决经济发展、技术进步等有关组织的生存与发展问题而产生的。管理创新在领导工作中有着极为重要的位置。

可以看出，任何的创新活动都离不开管理创新，管理创新在组织发展中的具体作用主要表现在，提高效率，降低成本，形成有效管理。

# 10.5 领导者培养创新能力的方法

创新是独具慧眼的认知能力和推陈出新的工作能力在实践中的特殊反映。行动是思维的翻版，创新作为一种打破现状和标新立异的实践活动，从本质体现了领导者高超的思维品格和崭新的思维路径，体现了领导者思维的广度、深度和高度。

### 10.5.1. 要有创新意识

创新是基于现有的环境条件，利用超常规思维提出有别于常人思路的见解，用以改进或创造原来不存在或不完善的事物、方法、元素、路径、环境，并能获得出乎一般人所能预料的有益效果的行为。

创新一词含有更新、改变、创造新这三层含义。"创新"作为社会经济发展的一个中心概念，是 20 世纪 30 年代美国经济学家、诺贝尔经济奖得主熊彼特首创的。按照他的解释，创新是指在特定且既有的约束条件下，以独特的思维方式寻找成本最小化、利润最大化的目标、技术、方法和制度安排。也就是说，我们是在共同遵守约定的游戏规则下寻求创新突破，寻求有助于事业发展的新目标、新思路、新方法、新技术。一切创新行为都要受到环境、条件、成本、风险、效益的约束。

领导者的创新意识是指领导者为完成组织设定的长远目标和未来发展需要，根据现有条件，激发特别的想法，试图创造前所未有的事物或观念的动机，以及在创新活动中所表现出的灵感、意向、愿望和构想。它是领导者意识活动中的一种积极的、别有成效的创造性表现形式，是领导者根据客观需要而产生的强烈的不安于现状，执意寻求更快捷、更高效的执行任务和抵达目标的方法方式。

### 10.5.2 敢于打破常规

创新意识具有开拓性、前瞻性、独创性、联想性。具有创新思维的领导者，能够不为既有环境和条件所限制，能够不为传统习惯势力和世俗偏见所左右，敢于异想天开，推陈出新，标新立异，想常人不敢想的问题，自觉打破常规思维和习惯思维，提出超常规的独到见解和观点，善于联想，善于想象，从而站在独特的视角上审视问题，并开辟出新的思维境界和思维逻辑规律。

在创新思维辐射下，工作中遇到问题，总要问个为什么，什么原因，将会有哪几种可能，不放过任何疑点，不放过任何推测，养成爱思考、爱琢磨，爱钻研的思维习惯。柏拉图说："思维是灵魂的自我谈话。"巴尔扎克有句名言："问号是开辟一切科学的钥匙。"苹果落地这件事在人们的观念中早就习以为常了，没有人会在意这个落地的苹果，但牛顿的思维却与众不同，他却从中发现了万有引力；水开了锅盖被顶起，这是人们日常生活的常识，一般人不会从这种尝试中搞什么"创造发明"但是瓦特却做到了，他因此发明了蒸汽机。这一切都是创新思维帮了忙。

### 10.5.3 善于援疑质理

领导者的创新意识中离不开怀疑意识。做领导和做学问也有很多相通之处，都要培养两种能力：提问的能力和怀疑的能力，也可称为问题意识和怀疑意识。怀疑意识和问题意识有相通之处，问题意识决定思维方向，没有问题意识，不知朝哪思考；怀疑意识决定思考深度，没有怀疑意识，即使抓对了问题也可能浅尝辄止，不得要领。但怀疑意识更强调对权威势力、对习惯势力、对约束条件的挑战，不唯权、不唯书，对权威、对书本、对标准答案不盲从。朱熹说："读书，始读，未知有疑；其次，则渐渐有疑；中则节节是疑。过了一番后，疑渐渐解，致融会贯通，都无所疑。"正是因为对问题有所怀疑，才使得各种问题都有了相应的解决办法。怀疑意识与问题意识是不可分的。不能离开问题意识单独提倡怀疑意识，同样也不能离开怀疑意识，而把问题意识片面化。可以断言，没有怀疑意识的人不可能发现问题、提出问题；而没有问题意识的人，则无问题可怀疑，也更不可能达到解决问题的目的。当怀疑离开客观问题，转向怀疑自身，转向主体的认识能力自身，则怀疑成为一个形而上学的问题，成为哲学认识论中争论不休的可知论与不可知论问题。怀疑不仅是辨别真伪的钥匙，也是创立新学说，启迪新思维、开拓新思路的重要手段。

### 10.5.4 善于捕捉机遇

创新也需要抓住机遇——机遇指的是导致科技突破的原定研究进程所未料到的偶然事件或机会。机遇的出现有客观原因，偶然性之后有必然性和规律性。机遇产生于社会主体以外的客观环境。从理论上分析，环境愈复杂、变化愈快，社会主体行动自由度越大，机遇就愈多；社会主体的成功与发展受制于外部因素越多、程度越高，机遇所起的作用就越大。就企业而言，随着我国现代企业制度改革深入进行，政府对企业及个人的直接控制越来越少，企业自主参与市场竞争，根据市场变化自主制定经营战略和产品战略，外部对企业的控制环境变得越来越宽松了；加上信息化推动科技进步高速发展、科技革命迅速涌动，加快了世界各国在全球经济一体化过程中政治、经济、文化方面相互渗透的速度，各种机遇会伴随着竞争快速进入国内市场，竞争的加剧，同样带来了机遇的增多。

机遇无影无形，摸不着看不到；机遇善于伪装，甚至和风险结伴而行；机遇往往来时不期而至，却又稍纵即逝；机遇是有保鲜期的，错过了就永远错过了；机遇是需要精心呵护的，稍有怠慢就荡然无存。领导者要想捕捉到创新的机遇，就必须用心观察和思考环境条件与组织目标之间所存在的现实矛盾，从中找到解决问题的灵感、方法和路径，任何一个创新方案都需要特定灵感的光顾和激发。

灵感一般是指思考问题的人在创造活动中，大脑中乍然闪现的智慧之光，是思路突然贯通的顿悟状态。灵感具有一晃即逝的特性，所以当灵感的火花闪现时，要及时捕捉到灵感的本质，并追踪记录，当机遇来临时，要认真观察反复思考，否则，灵感和机遇就会结伴消失，踪迹全无，永难复现。

### 10.5.5 树立独立意识

领导者的创造性要体现在独一无二，与众不同上。所以，创新意识的基础是独立意识、自主意识。包括具有独立的人格，独立的思考，独立的视角，独立的眼光，独立的见解，独立的观点。对于其他人的意见只能作为参考使用，决不受其左右和约束。自主意识，是以纯粹的自我认知来判断事物，是自己做主，不受别人支配的意识活动。包括自我激励、自我协调、自我控制、自我设计和自主发展意识。人们依靠自己的意志，而不是受外界因素的控制和影响，把自己的注意力集中到所选择的事物上，所关注的矛盾焦点上，并且为了解决问题，勇于克服困难，百折不挠，顽强进取，具有不达目的誓不罢休的精神和毅力。

### 10.5.6 提高风险意识

任何创新都是独辟蹊径，都是在走前人没有走过的路，因此也会遇到前人所未遇到过的风险，其间遭受挫折、遭遇坎坷的事也是在所难免的。所以，领导者要想实现创新，实现开拓，就必须具有百折不挠、执着无悔的顽强意志。不畏人言，不惧艰险，不能前怕狼后怕虎，畏首畏尾、胆小怕事的人是不可能在创新的路上迈开脚步的。

有的人在创新过程中遇到一点挫折就打退堂鼓，遇到一点麻烦就畏缩不前，这样的人永远与创新无缘。一位伟人曾经说过：在科学上没有平坦的大道，只有不畏劳苦沿着陡峭山路攀登的人，才有希望达到光辉的顶点。所以，作为领导者要想有所创新，要想迎接奇迹的出现，就必须有一定的风险意识和冒险精神，只有敢于冒险，才能挑战风险和抗击风险。

# 10.6 培养开放合作意识

要增强开放合作意识，可以激发创新活力，这就要求领导者必须转变封闭狭隘观念。封闭狭隘，必然导致视野狭窄、目光短浅、思想禁锢，老办法不管用，新办法不会用。转变封闭狭隘观念，必须树立世界眼光和战略思维，以开放的心态、开放的胸怀、开放的视野，积极迎接挑战，主动参与各种合作与竞争。特别是在知识大爆炸的时代，领导者个人的知识再丰富也相对有限，视野再宽阔也相对狭隘，目光再长远也相对短浅。这就是说，要进行创新，光靠个人的力量一般是很难实现的，领导者必须善于与人协作、合作，共同完成创新目标。

# 十一、执行能力修炼

　　领导者的执行能力就是带领团队按质按量不折不扣地完成工作任务的综合实战能力。我们经常强调员工执行力的重要性，常常忽略领导执行力的培养。殊不知，领导者的执行力，在整个组织结构中起着非常关键的作用。

leadership

## 11.1 领导者执行力决定团队执行力

领导执行力体现在一整套系统化的流程之中，它包括对目标与具体步骤的严密讨论、质疑并坚持不懈地跟进，以及责任的具体落实。还包括对企业面临的商业环境做出假设、对组织能力进行评估、将战略与运营及人员相结合、对执行人员及所在的部门进行协调、奖惩，还包括提高企业或组织执行能力以适应战略挑战的机制。

很多企业、团队、组织、个人通常并不缺乏正确的目标，却欠缺脚踏实地的执行能力。执行打折扣、执行不到位或者故意拖延执行、消极执行、甚至根本不予执行的情况时有发生，使得企业、组织、部门工作进展缓慢，迟迟达不到组织目标。

### 11.1.1 部门领导者要带头执行

脱离领导力的执行力是无源之水，脱离执行力的领导力是空中楼阁。因此，完成一项工作任务，需要领导者给予明确的指令，协助制定工作计划，设计科学的程序和流程，过程中给予指导和纠偏，执行结束后给予反馈、评估和激励，这样才能保障员工执行力的持久和强劲。

成功的领袖都有明确的始终如一的目标。这种"目的性"和"方向感"是领袖行为的基础，它决定了具体行动和政策的成败。

一打纲领不如一步行动。说了不做等于白说，做得不对等于白做，做不到位等于半途而废。任何行动都会有一个特定的结果，但不一定是预期的结果。所以，执行是有目标的、有计划地执行，而不是盲目、草率地执行。要想做到不盲目，不草率，就需要领导者要带好头，带好队，看好方向，瞄准目标，定好计划，走在队伍前面，引领大家快捷高效地完成工作任务。"火车跑得快，全靠车头带。"作为部门领导者必须身先士卒，集中精力带领员工奔赴工作一线，步步推进，逐项落实，真正做到领导指挥在一线，情况掌握在一线，措施落实在一线，问题解决在一线，成效取得在一线。俗话说，"喊破嗓子，不如做出样子"，只有领导者带头执行，率先垂范，冲锋在前，整个队伍才能群情高涨，干劲十足，组织目标才能高效、顺利地达成。

### 11.1.2 建立富有执行力的工作机制

良好完善的工作机制是提高执行力的基础。建立健全良性运转的工作机制，发挥制度激励和制度约束作用，合理规范部门领导的工作行为，是增强领导执行力和部门整体执行力的重要保证。

①决策制度要科学民主。作为一个组织或部门的核心，领导者也应该遵守"集体领导、民主集中、个别酝酿、会议决定"的议事和决策制度，实行决策前的论证制、决策中的票决制或方案优化制、决策后的责任制以及决策失误的责任追究制。除此还包括决策执行中的检查、指导、监督制，保证执行效率，避免执行拖延、执行懈怠、执行受阻、执行失偏、执行过度或执行不到位等情况的发生。

②用人机制要健康灵活。要本着按岗选人，因岗用人，人岗相适的原则，推行竞争上岗、轮岗交流的机制，树立长短互补、协作共赢的理念，实现人才资源的优化组合、科学配置，达到能者上、平者让、庸者下，让德才好的人当主力，让业务精的人挑大梁，让技能高的人打先锋。

③问责机制要落实到位。对事关组织原则和发展大局的工作，对事关组织命脉和企业前途的工作，要实行一事一督查，一事一反馈，严格责任追究，将问责制度落到实处。领导者不但要有负责精神，担当精神，还要有敬畏之心，要有所为有所不为，兢兢业业做事，干干净净做人，切实提高在执行中的自我约束力。努力形成"多揽事、不争功，多揽事、不争权"和"只为落实想办法、不为困难找借口"的工作氛围。

### 11.1.3 避免下属盲目执行

在执行问题上，有些领导者对自己下属的能力水平认识不足，也没有很好地做出有效评估，像这种盲目让下属执行的现象屡见不鲜。如果平时没有做好下属能力评估和意愿沟通工作，就可能会因下属能力不足而导致执行不力，或因下属意愿不高或情绪对抗而导致消极怠工，拖延执行，甚至跑偏走样，给企业或组织带来不应有的损失。

作为领导人需深入了解自己的员工，并对其执行能力进行评估。若发现不足，只有加强员工能力培训，除非你能够找到合适的岗位人才。在具体的执行流程上，领导者要注意许多的问题：谁来负责？如何考核？战略目标是否进行有效的分解？需要进行哪些人力、技术、生产和资金的投入？当战略执行到一个阶段，组织是否有足够的能力将战略继续执行下去？这些决策是否经过相关执行人员进行有效的讨论并得到大家的支持与肯定？这些流程实际也是执行决策的过程。这些流程就是常说的执行力三流程：战略流程、运营流程、人员流程。

领导者掌握这门学问，也是建立领导威信的必由之路。总结领导者的基本行为可以概括为：

①让员工们抱有梦想和期待，而且还要拥抱它、实践它，与它结成命运共同体。

②深入到员工们中间，向他们传递积极的活力、理念、观点和乐观精神。

③以坦诚度、透明度和声望，以高尚的人格魅力和卓越见地，建立别人对自己的信赖感。

④坚持不懈地提升团队整体素质，把同员工的每一次邂逅都作为评估、指导和帮助他们树立自信心的机会。

⑤有勇气，有魄力，关键时刻敢于做出不受欢迎的决定，说出得罪人的话。目的不是为了自己，而是为了团队整体利益和组织最终目标的顺利达成。

⑥以好奇心、甚至怀疑精神来监督和推进业务，要保证自己提出的问题能激发员工们的业务兴趣和鼓舞员工们的实际行动。

⑦敢于承担风险、独有担当精神，关键时刻能够站出来为工作失误负责，和员工共同顶住各方面的压力。

⑧懂得激励，及时发现员工的进步和取得的优秀业绩，并给予热情的肯定、赞扬和奖励；对于犯错误的员工和消极怠工的员工适度进行批评和教诲，创造条件为他们提供尽快改进的机会。

当然，领导者的执行力必须通过团队整体的执行力体现出来。执行力的起点并不是从员工开始的，而是从领导者开始的，领导者本身富有执行力，才能激发出整个团队的执行力，并使这种执行力直接转化为企业的核心竞争力。

### 11.1.4 知行合一是执行力的本质内涵

一个领导者要不要执行，是认识问题；会不会执行，是方法问题；敢不敢执行，是信念问题；能不能执行，是能力问题。做好执行，核心是知，知战略、形势、责任、目标、任务、家底、条件。按照"知行合一"的原则，要做到真知、笃行、求效、求好，要让执行直指目标，要让执行脚踏实地，要让执行创造高效，要让执行收获最佳的结果。

①正确理解，吃透精神。执行必须要正确地理解上级的决策，准确领会领导的意图，在吃透精神、系统把握的基础上，坚决而忠实地执行。

②坚决服从，不找借口。既要知道为什么要我做，更要知道怎么把它做好。执行是命令，没有任何可以用来搪塞的借口。不讲条件，不计代价，这就是最好的执行。

③雷厉风行，重在结果。虽然说执行是一个过程，但执行力只讲落脚点，不讲出发点；只看最终结果，不看过程如何。过程中体现执行的方法、策略，但所有的方法和策略都是为最终获取目标服务的，都是为了一个特定结果服务的。所以，领导者要尽量使过程缩短，做到雷厉风行，快捷高效，同时也要尽量使过程简化，只有做到简化程序，简化方法，才能找到捷径，才能以最快的速度抵达目标。

④一丝不苟、关注细节。细节决定成败，一项事业的成功，是参与该项工作的每个环节上每一个人一丝不苟切实执行的结果，其中有任何一个环节或细节出了问题，整个系统可能都会受到严重影响。"夫祸患常积于忽微"，把每一步骤、每一环节都执行到位，才能保证目标顺利实现。

⑤把握本质，开拓创新。投机取巧等于消极怠工，按部就班等于不思进取。现实工作中，充分领会上级意图，吃透上级精神，抓住问题实质，才能把握前进方向，才能围绕本质问题开拓创新，寻找新方法、确定新思路，捕捉新机会。

所以作为领导者要在带好头、指好路上下功夫，要在干好事、办成事上下功夫。花繁柳密处拨得开，方见手段；风狂雨骤时立得定，才是能力。

# 11.2 领导者执行力是领导作风的真实体现

提高领导者的执行力和转变领导者的工作作风，看似是两个问题，实际上这是一个问题，是一个问题的两个方面，只有切切实实地转变工作作风，才能提高执行力；执行力的提高，必须有优良的工作作风作为保证。

提高执行力首先要端正思想，要解决心中庸、懒、散、奢等消极思想，为提高执行力打好思想基础，思想先行，认识到位，行动才能卓有成效，其次要熟悉业务流程，提高执行效率，业务能力不强，提高执行力只能是一句空话，只有实干和会干，"实干加巧干"，才能保证执行力获得有效提升。

## 11.2.1. 说话果断干脆，不拖泥带水

领导者的说话水平决定领导能力。说话思路清晰，逻辑性强，简洁精炼，抓住问题本质，一语道破天机，令听者眼界顿开，心中豁亮，悟性绽放，是说话水平高的表现。看一个领导人开会就知道，执行力强的领导者，其时间性很强，效率很高，计划性很到位。反之就是东扯西拉，互相推诿，迟迟做不了决定。还有的领导者说话啰啰嗦嗦，总是要把刚刚说过的话，或者意思相同的话，不断地重复，尤其是一些无关紧要的话语也说起来没完没了，重复过多，不但浪费了自己的时间，也浪费了大家的时间。跟这样的领导要效率或者要执行力，必然会辜负团队的整体智商和良好的目标期待。

## 11.2.2 居高望远，格局要大

《荀子·劝学》云："吾尝跂而望矣，不如登高之博见也。"站得高望得远是一种大智慧、大谋略、大本领，反映了领导者的思想境界。领导者看问题要站得高，就像下棋一样，不仅要看明白眼前这一步棋，还要能看到第二步棋、第三步棋，能看到一件事可能带来的影响。对问

足以让团队的执行力消失殆尽。

领导承诺给员工的东西，都会给员工带来希望之光，自然会让员工感到很开心，开心才能打仗，才能富有激情。一旦不能兑现承诺，员工就会产生抱怨。对于一个失信的领导者来说，其号召力及其人格魅力必然一落千丈，员工也不可能再愿意为其埋头效力了。

### 11.2.7 处罚问责，下手要狠

一个团队必须搞好制度建设，制度要激浊扬清，要奖优罚劣，要惩前毖后。但很多部门领导者，放任制度的执行，完全根据自己的好恶行事，对于出了问题、犯了错误的员工有时睁只眼闭只眼，姑息迁就，不坚持原则，不坚持底线，时间久了，人们也就失去了敬畏之心，变得没有规矩，没有纪律，自由放任，拖拖拉拉，贻误战机、懈怠工作，似乎都变得无所谓，这样的组织，这样的团队，是不可能具有高效执行力的。

所以，作为领导者要敢于在纪律面前动真格的,强化问责制！眼要准，心要狠，问责一个，警醒一片！，

因此，员工的执行力差，领导者要从自身找原因。他们的执行力差，都是领导者自己带出来的，他们的表现常常是你行为的影子。

## 11.3 保障领导执行力的运行机制

企业或组织的竞争力来自于执行力，没有执行，再美的蓝图也不过是海市蜃楼，没有执行，一切都无从谈起，所以，作为领导者必须下定决心解决好执行问题。要想解决执行问题就必须要抓好三个关键环节的运行机制建设：人员运行机制、战略运行机制和业务运行机制。

### 11.3.1. 人员运行机制

人员运行机制是执行力的核心，须知"企"人当头，人是生产力中最活跃的因素。一项决策落实得好不好，执行得到位不到位，关键因素是人。只有人员配置合理，才能保证战略发展和业务流程顺利运转。战略与运营的好坏得看什么人在做，什么样的人最适合做，包括人员素质、

工作技能、道德水准、眼光见识、业务熟练程度、责任心强弱、忠诚度高低等等。

建立健全人员运行机制首先要准确而深入地了解员工、评估员工，并有一个鉴别与培养人才的科学体系，以适应组织或企业未来战略发展和业务流程的需要。这就要求建立自己的人才储备库和人才培养计划，才能满足组织或企业发展的人力资源需要。要想做到这些，就必须从重视人才开始，从引荐人才、招揽人才开始，从有计划、有目的地培养人才开始，将人才的发展水平作为考量组织或企业发展的重要指标，而不只是经济指标、效益指标和利润指标。

你可能会把员工薪酬的增长作为企业竞争的战略目标，但工资本身不等于成本，而只是你为了获得更大回报的人力资源投资而已。当然还包括你为各类人才提供舒适的工作环境与积极的职业远景规划等。总之，要想获得好的执行力，就得先储备好你的人才。一旦需要，则招之即来，来之能战，战之能胜，这才是最有力的执行。

另外，培育卓越的领导力，还要求企业必须构筑一个强有力的核心团队并使它高效运转。正确选择核心团队成员也是提高领导执行力的根本保证，要保证这些核心成员能够心往一处想、力往一处使，真正形成一个高效的团队。而作为领导者必须在团队中充分建立信任关系，这是增强凝聚力的基础。如果团队成员之间貌合神离、互相猜疑，那么这个团队怎么有可能进行有效的合作？怎么有可能形成一个高效率的、富有凝聚力和战斗力的团队？因此，作为企业或组织的领导者，应该在团队内部营造相互信任的氛围，让信任成为大家互相团结和相互促进的持久力量。

### 11.3.2 战略运行机制

战略运行机制也非常重要，因为战略一旦错了，后面的整体运营越积极，越快捷，问题就会越糟糕。正所谓"差之毫厘，谬以千里"，开始制定的方向错了，执行得再好也没有用，非但没有用，还会造成巨大的资源浪费。

任何执行都离不开正确的战略，正确的方向，这不仅仅涉及由谁来制定战略的问题，不管谁来制定，只要是好方案，只要是正确的方案，只要是对企业未来发展带来最大收益和最大前景的方案，都要举双手赞成。战略不是高层或老板的特权，越是接近执行的人越了解实际情况，越了解市场、资源及自己的优势与劣势，越了解竞争对手的情况。所以，制定和商讨战略问题，不能只由老总单独拍板，也不能只由企划部门闭门造车，而应该让执行层的人员参与其中。

在真正讨论战略问题时，必须考虑公司优势、劣势、条件、机会及市场环境及各类风险等问题，永远发挥自己的强项，做自己优势的领域，不轻意涉足不熟悉的行业，除非你已拥有合适的团队和独具特长的班底，否则绝不可贸然选择陌生的目标作为企业的战略发展方向。在制定战略时，要注意所掌握的信息必须是一手信息，而且是来自于不同渠道和不同角度的各路信息，然后进行整合与提炼，然后制定多套方案，并优中选优。同时还要将长期目标、短期目标和眼前目标统合起来，分别制定详细的工作计划，以便遇到某种问题能够及时做出调整，做到"兵来将挡，水来土掩"。

当然，战略运行机制必须在团队中特别是在班子内部达成共识，并在团队内部做好宣传、教育、沟通、协调工作，以便得到团队所有成员的理解、支持和赞同。

### 11.3.3 业务运行机制

业务运行机制，实质上是企业运营机制中最前沿和最基础的工作运行系统，是企业内部各个要素之间相互关联的总和，是具有实战性、作业性和联动性的有机整体。从理论上讲，运营机制由决策机制、约束机制、营销机制和激励机制四部分组成，这四部分之间不是独立的，而是相互依存的关系，可称之为"四轮驱动"。如果把企业整个运营作为一个系统来看的话，那么，四轮驱动中的每一个轮子都是一个子系统，企业的运营机制就是由四个子系统机制互联互通互动的系统。从各子系统之间的作用来看，决策机制帮助企业把握方向；约束机制帮助企业尽可能地避免风险；营销机制就是如何实现企业发展的经济效益和预期目标，这是运营机制中最后的也是最重要的一环，是将企业目标落到实处并有开花结果的可视性成效，应该得到高度重视；激励机制是为企业持续发展提供源源不断的动力的动源，让员工保持积极性，充满激情，有动力去工作，去执行。

企业运营机制解决的核心问题是企业如何运作，业务如何开展，工作如何运行，是真正脚踏实地的执行过程。

（1）企业决策机制的重点是谁说了算，涉及决策权力构成，决策原则，公司组织架构，岗位设置及岗位职责等问题。一个企业在变化多端的市场竞争环境下，需要不断做出各种各样的决策，有的决策来自集体讨论，有的来自个人决断，两者都可以保证企业运行机制的正常运转。决策机制因企业组织架构不同而异，垂直化的组织结构，权利比较集中，扁平化的组织结构，权力比较分散，企业应该根据自己的实际情况制定组织结构层次，进而构建快捷高效的决策体系。

（2）约束机制包括谁约束谁的问题，怎样约束的问题，包括制度约束、任务约束、情感约束、道德约束等等，如果被约束的人触犯了相应规则，或者那些没有被约束住的行为造成的伤害应该如何处理等问题，都需要有个说法，有个定则，有个处理方式。很多中小企业的约束机制就是制定惩罚措施，而且只针对与员工，一般与领导无关。

（3）营销机制是运营机制的核心，直指企业发展目标，它是企业运行机制中直接与目标相对接的环节，是考验和检测企业决策正确与否的最后答案。一个企业的营销方案涉及内容非常广泛，不但涉及企业内部，也涉及企业外部市场环境，并且受外部市场环境影响较大，必须随时保持动态的可调整性和可操作性。在营销机制中，知己知彼，目标明确，战略、战术、资源相互匹配，渠道和终端相连通，服务和反馈等问题必须全面考量，统筹兼顾，密针细缕，滴水不漏，这样才能做到规划到位，策划机巧，预判准确，操作便捷，运转有效。

（4）激励机制也称激励制度，是通过推行一套理性化的制度，来反映激励主体与激励客体相互作用和相互制约的方式。激励机制包括激励的行为、激励的对象、晋升标准、奖励措施等，是激发企业活力、提高员工积极性的制度性保障。企业如果没有激励机制，没有基本的后勤保障，员工就会因失去能源供给而失去工作动力，失去执行力，企业就会丧失生机和活力。作为一个部门领导者，必须站在员工的角度思考问题，不仅仅要考虑如何发展业务，还有考量如何激励员工斗志，为企业发展提供后劲，提供源源不断的人力资源动力。

①奖酬诱导性激励

诱导因素就是提前制定好和预备好的用于调动员工积极性的各种奖酬资源和目标期待资源。诱导因素的提取和设计，必须建立在员工现实需求的基础上，然后根据奖酬资源按量分期设计各种奖酬形式，每一种奖酬形式都要根据员工的执行力大小和业绩大小来付诸实施。

②行为导向性激励

员工心中的目标是什么？与企业或组织的目标是否完全一致？这就需要一种导向，把员工心中的目标导向企业的目标上来，让员工的行动直接朝着企业目标进发。所以，行为导向制度是组织对其成员所期望的努力方向、行为方式和应遵循的价值观的制度性设计。行为导向一般强调全局观念、大局观念和整体观念，这些观念指向都是为实现组织的各种目标服务的。勒波夫博士在《怎样激励员工》一书中指出，世界上最伟大的原则是奖励，人们对于受到奖励的事会做得更好，在有利可图的情况下，每个人都会干得更漂亮、更带劲和更富有激情。

③努力幅度性激励

你希望让你的员工付出多大的努力和代价，才能更高效和更快捷地抵达组织目标？员工使多大的劲，组织就应该给予多大的激励和报偿。所以，行为幅度激励制度是由诱导因素所激发的行为在强度方面的控制规则。根据管理学家弗鲁姆的期望理论，对个人行为幅度的控制是通过改变一定的奖酬与一定的绩效之间的关联性以及奖酬本身的价值来实现的。而斯金纳的强化理论则认为，按固定的比率和变化的比率来确定奖酬与绩效之间的关联性，会对员工行为带来不同的影响。前者会带来迅速的、非常高而且稳定的绩效，并呈现中等速度的行为消退趋势；后者将带来非常高的绩效，并呈现非常慢的行为消退趋势。通过行为幅度制度，可以将个人的努力水平调整在一定范围之内，以防止和避免一定奖酬对员工的激励效率的快速下降。

④时空效应性激励

任何行为都是特定时空序列中的行为，同样，人和行为效果也是特定时空序列中的效果。特定的任务总要在特定时间范围和空间范围内来完成，所以，行为失控制度是奖酬制度在时间和空间方面的规定。包括特定的外在性奖酬和特定的绩效相关联的时间限制，员工与一定的工作相结合的时间限制，以及有效行为的空间范围。这样的规定可以防止员工的短期行为和地理无限性，从而使所期望的行为具有一定的持续性和可控性，使员工的执行力在有限的时空范围内充分施展出来。

⑤归化约束性激励

员工的行为有的是对于实现企业目标有利的，有的是不利的，为此，绝大多数企业都有奖勤罚懒、奖优罚劣的正负两种激励制度。归化约束性激励就是对成员进行组织同化和对违反行为规范或达不到要求的员工进行适度的处罚和教育。组织同化是指把新成员带入组织队伍的一个系统性感染熏陶过程，使新成员在人生观、价值观、兴趣爱好、情感倾向、工作态度、行为方式、工作关系、工作环境、工作技能、工作作风、工作习惯等方面尽快融入到团队中来。领导者根据行业要求、企业特点和工作性质，制定各种处罚制度，事前向员工交代清楚，争取得到大家的理解和信守，可以起到对员工进行负强化的作用。若违反这些制度，在给予适当处罚的同时，还要进行说服教育，使他们知错认错，尽快改进，在与组织进一步同化过程中，真正融入到积极健康的企业文化氛围中来。

从某种意义上讲，决策就是做正确的事，运营就是把事做正确，人员就是用对的人，而约束就是修正，就是对执行中跑偏走样的行为进行及时纠偏扶正。这样才能在整体上保证企业或组织健康有序、高效快捷地向前发展。

# 十二、运权能力修炼

权力运用得当，能使下属心甘情愿地服从并愿意追随于你。权力运用不当，会成为一种负担，成为一种压力。所以领导者要善用权力，努力提高自己的运权能力和水平。

leadership

# 12.1 领导者运用权力的原则

运用权力是一种重要的领导能力与艺术。

作为领导者，要掌握权力和感情投入之间的运用分寸。重权过分，下属会认为你不近人情，缺乏理解，从而使下属产生逆反心理，不愿干出成绩；感情输入过分，会使你显得软弱，缺乏应有的威慑力，从而对你的命令或指示置若罔闻。故此，作为一名领导者，一定要掌握好运用权力的原则。

## 12.1.1 民主原则

民主原则，就是指领导者在行使权力的过程中，走群众路线，听取员工的意见，发挥集体领导作用，实现民主决策。

民主原则是领导者在工作中处理上下级关系应遵循的基本原则。领导者与下属最基本的关系就是权威和服从的关系。

要遵循民主原则，首先要有民主意识。贯彻民主原则的前提是民主意识，较好的民主意识对领导者遵循民主原则会发挥重要的指导作用。

领导者要遵循民主原则，就要有平等意识。领导者在行使权力过程中，应该把下属视为朋友，以平等的态度对待。不摆架子，不打官腔，充分尊重员工的权利，在领导者与下属之间建立一种互相了解、互相关心、互相帮助的关系，使员工把自己的服从性和自觉性结合起来。

## 12.1.2 法制原则

法制原则，就是指领导者要在法律、制度、政策规章的范围内，正确地运用权力。法，是法律、法令、制度、政策、规定的总称。

领导者要注意法制，在自己的权限范围内，加强法制建设，并严格依照法律、规章制度来进行管理。任何管理都是对一个单位的管理，都是对一个群体的管理。管理就需要法，若离开了法，单位本身也就难以存在，群体就难免解体。管理一个国家需要有国法，管理一个单位也需要有规章制度。一个群体只有在一定的规则之内行动，才能保证单位的完整性、稳定性、正常性、和谐性。作为运用权力的领导者，首先就要注重法制建设，做到"有法可依"、"有章可循"。在遵循法律、规章、政策的同时，对本单位需要规范的问题用明文规定出来，并以此作为规章制度，用以约束下属，也作为处理和解决问题的一个重要依据。

遵循依法原则，还要求领导者要依法用权。领导者职位有高低，权力有大小，但是无论职位有多高，权有多大，都必须受到法律的约束，都必须在法律、政策、制度规定范围之内行使权力。

### 12.1.3 廉洁原则

廉洁原则，就是指领导者在运用权力时，不以权谋私，要奉公守法，廉洁自律，运用权力更好地为本单位或部门服务。

权力是为了完成各种不同职能而被赋予的，它是完成任务的工具。凡是掌握一定权力的领导者，都要圆满、认真地完成本职工作。从这个意义上说，没有无责任的权力，也没有无权的责任。责任与权力是伴生物。

坚持廉洁原则，不以权谋私，不是一个深奥的理论问题，而是一个实践问题。领导者坚持廉洁原则，重在行动，贵在自觉。评价一个领导者是否廉洁，不是看他定了多少条措施，做过多少次声明，而是看他在行使权力中做得如何。一个领导者只有排除个人主义和私心杂念，不打自己的"小算盘"，才能坚持廉洁原则。

## 12.2 领导者授权方法和策略

授权即放权。从领导科学的角度讲，授权是一种以人为主体的策略，也就是使权力下移，让每位下属都感到自己是分担权力的主体，这样就会在权力的支配下形成更为有效的凝聚作用和责任力度。

### 12.2.1 规范授权

领导者授权给下属，既不是推卸责任或好逸恶劳，也不是强人所难。授权往往要遵循一般性的原则，力戒无限制的授权。

（1）授权要体现目的性

首先，授权要以组织的目标为依据，分派职责和委任权力时都应围绕着组织的目标来进行。其次，授权本身要体现明确的目标：分派职责时要同时明确下属需做的工作是什么，达到的目标是什么，对于达到目标的工作应如何奖励等。只有目标明确的授权，才能使下属明确自己所承担的责任。

（2）要做到权责相应

下属履行其职责，必须要有相应的权力。责大于权，不利于激发下属的工作热情，即使处理职责范围内的问题也需不断请示领导，这势必造成下属的压抑。权大于责，又可能会使下属不恰当地滥用权力，最终导致领导者管理和控制难度的增加。

（3）授权范围应正确

一个单位会有多个部门，各部门都有其相应的权利和义务，领导者授权时，不可交叉委任权力，这会导致部门间的相互干涉，甚至会造成内耗，形成不必要的浪费。

### 12.2.2 授权方法

领导者授权除遵守一般原则外，还要掌握授权的方法，不同的方法会产生不同的效果。

通常，授权的方法主要有以下几种。

（1）充分授权

充分授权是指领导者在向其下属分派职责的同时，并不明确赋予下属这样或那样的具体权力，而是让下属在权力许可的范围内自由发挥其主观能动性，自己拟定履行职责的行动方案，这样的授权方式虽然没有具体授权，但它几乎等于将领导者的权力大部分下放给其下属。因此，充分授权方式的最显著优点是能使下属在履行职责的过程中实现自我，得到较大的满足，并能充分发挥下属的主观能动性和创造性。对于领导者而言，也能大大减少许多不必要的工作量。但这种形式，要求授权对象有较强的责任心，业务能力也应较强。

（2）部分授权

部分授权是指领导者对其下属分派职责的同时，赋予其部分权限。根据所给下属权限的程度大小，不充分授权又可以分为几种具体情况：让下属了解情况后，由领导者作最后的决定；让下属提出所有可能的行动方案，由领导者作最后的决定；让下属定出详细的行动计划，由领导者审批；让下属采取行动前及时报告领导者；下属采取行动后，将行动的结果报告领导者。不充分授权的形式比较常见，这种授权形式比较灵活，可因人、因事而异，采取不同的具体方式，但它要求上下级之间必须事先明确所采取的具体授权方式。

（3）弹性授权

这是综合使用充分授权和不充分授权两种形式而形成的一种混合的授权方式。它一般是根据工作的内容将下属履行职责的过程划分为若干个阶段，在不同阶段采取不同的授权方式。它反映出一种动态授权的过程，有较强的适应性。当工作条件、内容等发生变化时，领导者可及时调整授权方式，以利于工作的顺利进行。但使用这一方式，要求上下级双方要及时协调，加强联系。

（4）制约授权

这种授权形式是指领导者将职责和权力同时分派和委任给不同的几个下属，让下属之间相互制约地履行他们的职责，如会计制度上的相互牵制原则。这种授权形式只适用于那些性质重要、容易出现疏漏的工作，但如果过度地制约授权，则会抑制下属的积极性，不利于提高管理工作的效率。

### 12.2.3 授权步骤

一个企业即便人员不多，领导者可以了解全部员工的全盘行动，授权后也不能万事皆休，否则，授权的结果只会带来负效应。在实际工作中，有效的授权往往要依下列程序进行。

（1）认真选择授权对象

如前所述，选择授权对象主要包括两个方面的内容，一是选择可以授予或转移出去的那一部分权力；二是选择可以接受这种权力的人员。选准授权对象是进行有效授权的基础。

（2）获得准确的反馈

领导者授意之后，只有获得其下属对授意的准确反馈，才能证实其授意是明确的，并已被下属理解和接受。这种准确的反馈，往往以下属对领导授意进行必要复述的形式表现出来。

（3）放手让下属行使权力

既然领导者已把权力授予或转移给其下属了，就不要过多地干预，更不能横加指责。领导者应该放开手脚，让下属大胆地去行使这些权力。

（4）追踪检查

这是实现有效授权的重要环节。要通过必要的追踪检查，随时掌握下属行使职权的情况，并给予必要的指导，以避免或尽量减少工作中的某些失误。

只要掌握了授权的原则、方法和程序，你的领导能力就会上升到更高的层次。应该讲，一位领导者要想使权力生效，必须靠有效授权来完成，否则就是霸权，而霸权只能导致孤立，最终制约事业发展的速度。

# 十三、统筹能力修炼

统筹能力是指为了实现特定目标，全面布局，有效协调和整合各种组织要素，以使整个组织实现良好的资源配置和高效运行的能力。领导者面对上面一根针下面千条线的工作状况，必须利用统筹力来统领全局和协调整个组织的各项工作。

leadership

## 13.1 把握方向，统揽全局

所谓统筹能力就是统一筹划的能力，是指领导者在具体制定和实施决策过程中，首先对全局做出整体、客观、科学的判断，并从争取全局最大利益出发，来统领和协调各项工作，以期收获最大成效。

领导者必须高瞻远瞩，谋求大势，把控形势，树立大局意识和全局意识，从大局着眼、从全局出发考虑问题，做好"以一持万，提要钩玄"的事情。这就意味着，作为部门领导者不是自己一个人在工作，而是带领整个团队一起来工作，只有掌握统筹能力，学会提纲挈领，才能做到纲举目张，才能使整个部门的工作做到顺理成章。所以，领导者只有具备统筹能力，才能把整个部门的工作协调好、统领好和驾驭好。

统筹兼顾是科学发展观的根本方法，是领导者实现总揽全局的重要途径。统筹能力是领导者的一项重要能力，体现了领导者的智慧和水平，制约着领导者的工作成效。为提高统筹能力，领导者应明确组织未来的发展目标和发展方向，要有战略规划，善于调查研究，善于超前预测，不断增强调控能力，增强危机意识和应变能力。

统筹兼顾的核心内容是立足全局，协调各方，整合各路资源配置，推进各项工作的全面发展和高效快捷地抵达组织目标。在具体工作中，作为部门负责人，每天都会面临各种工作的挑战和繁杂的现实问题。若想理清工作思路，处理好各种难题，就必须学会并善于运用统筹兼顾的艺术。

领导者要想提高统筹能力，就必须明确组织发展目标和发展方向，要做好战略规划，搞好调查研究，善于超前预测，不断增强调控能力和协调能力，增强危机意识和应变能力。中国有句古话叫"将之道，谋为首"，为将之道主要在于谋略。古人云："善弈者，谋势；不善弈者，谋子。善谋势者，一子失着，全盘可以弥补；而谋子者，却常顾此失彼，一着不慎，全盘皆输。"这段话原本是在讨论棋术，然而其中蕴含的道理，对于领导者而言同样富有启发意义。

统筹能力是领导干部最重要的一种能力，它集中体现了领导者的智慧和水平，制约着领导者的工作成效。

领导者要想提高统筹能力，就必须胸有全局，在错综复杂的矛盾中能分清主次轻重，善于抓主要矛盾和中心任务，善于处理主要矛盾和次要矛盾的关系，避免胡子眉毛一把抓，捡了芝麻丢了西瓜。统筹能力是在复杂环境下驾驭复杂工作局面的必然要求。因为只有维护和发展了全局的整体利益，局部利益的保存和发展才有保障。任何全局都以局部为构成要件，没有局部存在的保障，那么全局也就失去了基础。

## 13.2 胸装蓝图，精于计划

每个人做事都必须有计划、有安排、有目标，如果想到哪儿做到哪儿，或者做一天和尚撞一天钟，就会费尽力气也无所收获。因此，领导者必须善于统筹安排，把杂乱化为整齐，把无序变为有序，让单位或部门依照计划行事，才能取得良好的业绩。

有好的计划才能有好的执行。领导者每做一件大事，都应有个计划，分门别类，按部就班。而每一个计划又有若干阶段的独立计划，每个阶段的独立计划彼此都有着密切的联系，并且相互衔接，以便统筹安排。

成功的领导者应善于规划自己的工作，应知道自己要达到什么目标，并且事先拟订好优先顺序和详细计划。为什么要拟订详细计划呢？因为工作中的疏漏往往会造成严重的后果。你可能不会被大象踩死，但你可能会被蚊子叮倒。"蚊子"就是你疏忽的地方，你的计划一定要详细，要把所有要做的事都列出，并按照优先顺序排列，以便按计划行动。

领导者要想做到精于计划，必须做到精于业务，必须做业务的内行。俗话说"隔行如隔山""外行领导不了内行"。同样，外行的领导者也做不了内行的计划。

有时候，工作并不能百分之百按照计划进行。但是，有了计划，它会为你提供做事的优先顺序，让你可以在固定的时间内完成你需要做的事情。

计划是成功的保障，计划是成功必备的条件。领导者必须善于计划和精于计划，然后照着计划行动。

## 13.3 通盘考虑，巧于安排

一个真正能干的领导者，从不以繁忙为借口替自己开脱。反之，不善于安排工作的领导者，由于不懂得事先巧安排，工作越积越多，无法完成时，只得以"繁忙"来做挡箭牌了。

领导者对工作安排的好坏，对整个组织的效率会有很大的影响。如果安排得当，那么执行者就能很顺利地做事，也能有效率地完成指示。在这种情况下，领导者才会有更充裕的时间去做其他的工作。

相反，如果安排欠妥，那么执行者就会为工作而伤脑筋，错误也就频频发生，以至于需要别人帮着收拾残局，并可能由此陷入"安排欠妥——临阵磨枪——收拾残局——下次工作安排又欠妥"的恶性循环中。

即使有突发事件发生，领导者如能事先巧于安排，也能弥补执行者的不足，并将可能产生的风险减到最低点。

巧于安排工作是领导者应该具备的统筹能力之一。一件事或一项工作，几件事或几项工作，先干什么后干什么，由谁干和怎么干，什么时间干完，都必须统筹安排，严谨而且合理，既能保证质量，又能保证效率。为此，领导者必须做到对所要做的事和所要用的人都心中有数，对方方面面的情况和问题都有一个通盘的考虑，充分估测可能的变化和风险以及应对措施。这样，领导者才是巧于安排工作的高手。

## 13.4 统筹兼顾，突出重点

要解决一系列问题必须彻底解决每一个问题，最明智的做法是在某段时间内，把全部的精力投注在某个问题上，以求获得最佳的解决方法。

英国之所以能够保住其制海权，是因为纳尔逊勋爵（1758—1805 年）

将"T字形排列"的技巧发挥到极致，因此当一艘敌舰进入射程时，他可以将"所有"的战舰对着同一靶点，以广泛、庞大而集中的火力，一次攻打一艘，结果大获全胜。领导者对待所有的问题，应该像纳尔逊勋爵对付他所有的敌舰一样，将问题依其轻重缓急排定先后顺序，然后集中你所有的力量，一次只对付一个问题，最后你将成功地解决这些问题。

### 13.4.1. 细心体察

细心体察，就是要学会观察和适应上层领导的工作方法和特点，随时关注单位的焦点，能够细致入微地了解单位的情况，做到不仅同步而且还要超前地制定措施。

细心体察，还意味着领导者应注意观察生活，了解社会，对部门、社会的各种实际情况有一个透彻的把握。这样，领导者就能够做到提前预见事物的发展脉络，考虑到可能发生的各种情况，办起事来游刃有余，能够圆满地完成任务。

### 13.4.2 做到四勤

其实，做事细致周详绝不是一个人的性格决定的，而更多的是一个人的做事态度和处事方法。领导者可以通过工作方法的改进来增强自己的才干。

这里所说的"四勤"是手勤、脑勤、嘴勤和腿勤。手勤就是要随时做到有备无患，不但应对未来工作的计划作一梳理，并记录下来，而且还应有意识地收集一些资料，以备后用；脑勤，就是平时要多思考，多想几个"为什么"，多想几个"怎么办"，这样就会提高你的预见能力和应变能力，使事情变得周详可靠；嘴勤就是要遇事多请教，向周围同志多请教一些工作经验，多了解一些本单位和社会各方面的情况，积累自己思考和办事的经验；腿勤则是指要到实际中去了解事情的真实情况，了解事物发展的过程，从而使自己的思想能够符合实际，真正做到细致周详。

勤快，不仅能够帮助你更多地了解情况，做到胸中有数，想到事物发展的细节、变化的趋势，从而做好工作，同时，它还会给你带来一种积极向上的气息，一种朝气蓬勃的工作作风。

# 13.5 提高统筹能力的途径和方法

不谋全局者，不足谋一域；不谋长远不足以谋一时。领导者把握全局的能力，着重在于对全局的调控能力，学会把握方向、把握重点、协调全局。作为领导者，要从实际出发，结合外部环境，一切以大局为重，以集体利益为重。我们熟知的田忌赛马"胜多败少"就是协调全局的典型例子，这也就是说领导者要提高统筹能力就必须讲究谋略，讲究方法。

## 13.5.1 明确发展目标和发展方向

统筹能力，既能体现一个领导者的基本能力素质，也是组织建设实现新突破的重要保证。领导者要重点把精力放在谋划大事上，要给所领导的团队提出目标愿景，指明方向，善于集思广益，驾驭能力要强。实现路径：学习科学方法论，养成抓重点的思维习惯，善于把握形势、顺势而为，描绘蓝图，培养坚韧意志、预测决断，树立权威，增强影响力。领导者只有正确把握前进方向，才能让整个团队统一目标和统一行动，这就要求领导者必须提高总揽全局、统筹规划、协调发展、兼顾各方的能力，使各项工作分主次、有轻重、按秩序地展开，才能变劣势为优势，变不利为有利，变被动为主动，实现又好又快发展。领导者就如同一艘轮船的舵手，必须明确自己所要抵达的目的地和具体时间要求，然后才能找到最佳行驶路线，从而确保目快速实现。掌握大局是提高形势判断能力的根本。胸中有全局，才能站得高看得远，不为浮云遮望眼。对领导者而言，善于确定发展目标和发展方向，是提升统筹能力的有效途径。

## 13.5.2 要有战略规划

"战略"一词来源于军事科学，是同"战役"和"战术"相对而言的概念。战略规划古已有之。例如，诸葛亮做"隆中对"而三分天下，朱元璋采纳朱升的"广积粮、高筑墙、缓称王"建议而建立明王朝等。战略源于军事领域却又不局限于军事领域。要做一名具有出色领导力的领导者，需要确立三种意识：大局意识、人本意识、权变意识。作为领导者，心中要有大局观念，要有一盘棋的思想；在工作中要坚持以人为本，促进人的全面协调发展；同时要有权变的意识，要灵活处理各种问题。

战略是事关全局的谋划，制定战略规划统筹的重要方法。如果领导者整天忙于琐碎的事务性工作，忙于各种无聊的应酬，不善于考虑带有全局性和长远性的根本问题，就很难堪当大任，就很难带领团队抵达组织目标。只有制定出明确的战略规划，才能掌控全局，才能及时发现和纠正行进中出现的各种偏差，才能在错综复杂的矛盾中坚持正确的取舍原则，极大增强组织的适应性和灵活性，避免陷入井蛙观天和被动应付的局面。现代市场环境变化速度越来越快，人类活动的内容和形式越来越复杂，任何一个事件都可能引起连锁反应和放大效应。在这样的背景下，战略决策一旦失误，代价十分高昂，因此，科学合理地做好战略规划将是统筹的重要前提。

### 13.5.3 要善于超前预测

统筹要超越时空，既要面对现在，更要面向未来。任何事物发展都存在诸多可能性，哪一种可能性更对实现组织目标有利，哪一种可能性更容易把握住，必须做出精准的判断和预估。要知道，世界上一切事物都处在普遍联系和相互制约之中，每一种现象都是由另一现象所引起的，而这一现象又会导致新的现象发生。尽管事物发展变化多端，但是任何事物都无法超脱于现实而存在。事物发展规律反映了事物发展过程中的本质联系和必然趋势。一切事物内部的矛盾性为事物发展提供了内在的动力，而矛盾运动的客观规律性又决定了事物发展的方向，制约着事物发展的进程和轨迹。因此，只有充分了解和掌握某一事物历史和现状，才能有效预测这一事物未来发展趋势。只有能够充分占有各路信息和资料，透彻地认识事物内在矛盾和外部条件，就可以描绘出事物发展的线路图。很多精明的领导者，特别善于分析事物之间的内在联系，能够做到见微知著，做到"月晕而识风，础润而知雨"，从而未雨绸缪，抓住良机，科学有效地推动事业快速向前发展。

### 13.5.4 要不断增强调控能力

"控制"原本是机械工程学的一个概念，从领导学角度研究"控制"，是指领导者在组织团队朝向目标进发过程中，不断监测和发现问题，及时修订具体实施计划，或者通过人力、财力和物力等资源调配，有效纠正工作偏差和弥补工作漏洞，使各项工作均在组织力所及的掌控范围之中。根据统筹要求，可采取目标控制和程序控制相结合，预先控制、现场控制和反馈控制相结合，局部控制和综合控制相结合，直接控制和间接控制相结合等多种方式。在整个控制过程中，一定要坚持系统性原则、客观性原则、有效性原则、分责性原则和弹性原则。实践证明，没有控制便谈不上统筹。所谓企业管理，就是指由企业管理层或管理机构对企业的经济活动过程进行计划、组织、指挥、协调、控制，以提高经济效益的一系列活动的总和。只有控制到位，才能规避企业风险，只有控制到位，才能高效实现组织目标。

要想保证控制的有效性，就必须重视信息系统建设，确保信息畅达。对于领导者而言，还要加强自我控制，包括控制时间，控制情绪，控制沟通方式，控制团队心理状态等。

### 13.5.5 要增强危机意识和应变能力

统筹是面对全局的统筹，是面对长远和未来的统筹，其时空跨度不限于一时一地。因此在整个实施统筹过程中，难免碰到一些突发事件，并使组织陷入某种危机的情况。为了规避风险，快速扫清发展道路上的障碍，保持良好的发展秩序和发展势头，化危机为发展契机，领导者必须提高应变能力，必须提高对复杂事物和问题快速做出决断的能力。一旦危机发生，在确知无法达到预目标时，能够果断停止原来的计划，及时调整方向，转移工作重点。在遭遇困难，又坚信目标能够实现时，能够审时度势，总揽全局找出关键问题所在，权衡利弊加以解决，避免在犹豫徘徊中贻误最佳时机，并在关键时刻敢于顶住压力，排除各种干扰，果断采取非常规的措施达到预期目的。

我们做具体工作，要在分清轻重缓急的前提下，抓重点工作、紧急工作、事关全局的工作，同时还要兼顾一般工作的进展情况，既全面推进，又重点突破。这种"弹钢琴"的工作方法强调的就是矛盾的观点，是两点论与重点论的统一，也就是科学发展观强调的统筹谋划。学会和掌握"弹钢琴"的工作方法，对于提高领导水平和领导效能，具有十分重要的作用。

# 十四、演讲能力修炼

　　成功的领导者大多是成功的演讲家。一次高水平的施政演说，能使万民拥戴；一篇有号召力的战前演讲，能使军威大振。演讲能力是检验领导者基本素质的重要标准之一。

leadership

# 14.1 做好演讲的准备工作

一次成功的演讲需要拥有充足的材料、广博的知识、深刻的哲理，以及端庄的仪表、良好的心态。为了使演讲取得好的效果，必须做好充分准备工作。

### 14.1.1 做好演讲的心理准备工作

在大庭广众之下，能让自己的语言像喷泉那样喷涌而出，激人奋进，是让人羡慕的。对于初登讲坛的人来说，胆怯、缺乏自信是最大的心理障碍。但是，只要经过锻炼，胆怯心理是可以克服的。

那么，怎样做到不胆怯呢? 首先要建立自信意识，即对自己的演讲充满必胜的信心。做到这一点，一是要对讲述的内容确信无疑，对听众是有意义的。二是要对讲稿有充分的理解和熟知，不仅对演讲的材料有精确的记忆，还要自信自己的演讲能打动听众。澳大利亚前总理罗伯特·孟席斯爵士在评论演讲艺术时曾说："演讲人或领导人要想打动别人，他首先要能打动自己，他脑海中的一切都应该是栩栩如生的。"为此，演讲前应做好充分的准备工作，并有必要对小范围的人先试讲，征求他们的意见和看法; 反复修改自己的讲稿和演讲时的姿态、手势，强化演讲的效果，以便演讲时更好地发挥。三是要使自己的身体和精神状态保持在最佳状态。为此，演讲前要尽量放松，尽量考虑些轻松的事，棘手的问题先搁在一边。

演讲者的心理准备还包括培养自身的吸引意识，要进行自身的气质、风度的修养。通过不断地吸取各方面知识，开阔思路; 参加各种社交活动，提高社交能力等方法培养自身的气质，以吸引、感染他人。要深深理解听众，与他们产生感情共鸣。要训练自身的表达技能，通过口语、声调、姿态、手势等技巧吸引听众，强化演讲效果。

### 14.1.2 做好演讲的材料准备工作

要想使自己的演讲获得成功，就必须占有大量的材料；要想占有大量的材料，就必须注意随时随地做大量积累工作和整理工作。

按照美国当时的风俗习惯，林肯经常戴一顶高帽子。他总是随时抄写记事，一句一句记在碎纸片、旧信封上面，然后摘下帽子，把它们放进里面，再把帽子戴上。闲暇之时，便取出这些东西，加以整理，分门别类，抄在本子上，以备将来演讲用。他的做法告诉我们：要想使自己的演讲获得成功，就必须占有大量的材料；要想占有大量的材料，就必须注意随时随地做大量积累工作和整理工作。

马克思在 1850 年和 1851 年两年中，开设了一个经济学讲习班。讲授他在《资本论》中所阐述的理论体系。马克思的独到、精深的见解，正是建立在极其丰富的材料基础上的。他在伦敦英国博物馆阅览室里阅读了一千五百多种有关经济学、文化史、技术史等许多领域的科学著作，读书摘录填满了五十本左右的笔记本——几乎有三万页。他所收集的成吨材料，使恩格斯感到惊讶。

获取材料的基本途径有三个：一是直接材料。这是演讲者在日常生活、工作、学习中，通过观察、体验、感受、调查研究所得到的材料。二是间接材料。这是演讲者从书籍、报刊、文献中所得到的材料。三是创见材料。这主要是演讲者在获得大量的直接材料和间接材料的基础上，经过归纳、研究、分析所得到的新材料。例如马克思就是在分析、研究德国古典哲学、英国古典经济学和法国空想社会主义的基础上，形成许多新的数据材料、图表材料和理论材料而产生自己的观点和学说体系的。

由于每个人的时间、精力有限，我们必须有目的、有计划地收集材料，克服盲目性、随意性。如要作一次题目为《青年与祖国》的演讲，收集材料的目标就可以集中在：从革命导师著作中收集有关青年的论述；从心理学书籍中收集有关青年人心理特点及其发展趋势的理论论述；从历史书籍中收集青年人立志成才，为国献身的故事；从报刊中收集当前有关先进青年的报道材料；从现实生活中，特别是在自己生活的单位发现青年中的好人、好事；等等。总之，演讲者应根据演讲的需要，有针对性地收集材料，才能收到事半功倍的效果。积累材料的具体方法。从形式上说，可以记在纸上、卡片上、笔记本上。从内容上说，可以记录纲要、大意；也可以摘录句、段，但必须与原文相符合，不得有出入，甚至包括标点符号；可以记下自己的心得体会等。马克思就是去散步，也要带一本笔记簿，并且时时在上面写点什么。恩格斯也是用日记和笔记的方式经常积累所需要的材料。他在船上每天写日记，记录了太阳的位置、风向、海潮的变化等等。他总是非常勤勉地将什么东西都抄录下来并保存起来。总结前人收集、储存材料的经验，可以给我们如下启示：

（1）勤于搜集

所谓"勤"，就是勤听、勤看、勤于手抄笔录。要不辞劳苦，持之以恒，积少成多。要有蜜蜂和淘金工人的精神，广泛采撷，精于筛选。

（2）善于整理

收集的材料是零碎的、杂乱的，为了使用的方便，就要使之系统化、条理化。在整理中，不仅可以熟悉消化材料，加深理解，而且可以对材料进行比较、分析和鉴别，以去伪存真，去粗取精。马克思时常翻读他的笔记，并把他所收集的材料加以系统化。对于他的每一种著作，他都收集了大量的准备材料——摘录、提纲、图表以及所有的各种数字、原始材料、目录等等——他将整个材料加以整理，并做成有系统的内容提要，以便在以后的工作中易于选用。

（3）肯于发掘

高明的演讲者，总是以满腔热情和敏锐的洞察力，对所收集的材料进行琢磨、思考、研究，从中发掘出别人所未发现的新意来，从而使之具有新的内涵、新的色彩。只有这样才能使听众听到他们未曾听到的内容，得到新的知识，新的启迪。

# 14.2 领导者演讲的基本要求

为了使领导者的演讲取得良好的效果，除了懂得演讲语言上的基本要求，还要晓之以理，动之以情，声情并茂，情景交融，使领导讲话水平得到最充分的发挥。

### 14.2.1 演讲一定要打动人心

林肯曾经说过："不论人们如何仇视我，只要他们肯给我一个说话的机会，我就可以把他说服。"他之所以如此自信，就在于他能巧妙地运用攻心为上之术，将别人同自己之间的心理距离拉近，使之由仇视变为好感。

兵法上讲："心战为上，兵战为下。"意思是"攻心"才是真正的上策。论辩犹如用兵，也要注重心理战术，论辩中的"攻心为上"就是揣度对方心理，注意论辩对策的合理性和合意性，使对方形成心理的内化反应，瓦解其斗志。

林肯在竞选总统的论辩中争取民众，化仇恨为好感就是一个很好的例子。

"南伊里诺斯州的同乡们，肯塔基州的同乡们，密罗里州的同乡们，听说在场的人群中，有些人想和我为难，我实在不明白为什么要这样做，因为我也是一个和你们一样爽直的平民。为什么我不能和你们一样有发表意见的权利呢？亲爱的朋友，我并不是来干涉你们的人，我也是你们中间的一个，我生于肯塔基州，长于伊里诺斯州，和你们一样是从艰苦的环境中挣扎出来的。我了解南伊里诺斯州和肯塔基州的人，我也了解密罗里州的人，因为我是你们中间的一个。而你们也应该更清楚地认识我。如果你们真的认识我了，你们就会了解我，知道我不会做对你们不利的事。同乡们，请不要做蠢事，让我们以友好的态度交往。我立志做一个世界上最谦和的人，决不会损害任何人，也决不会干涉任何人。我现在对你

175

们诚恳要求的，只是请求你们允许我说几句话。你们是勇敢而豪爽的，我想这一点要求，不会遭到拒绝。现在让我们诚恳地讨论这个严重的问题吧……"

攻心为上技巧的运用，在林肯竞选总统的成功中具有重要作用。他以朴实而富有情感的话语击败了用语华美、口若悬河的对手道格拉斯，赢得了亿万选民的心，原来竭力反对他的那些州的选民，在听了他的竞选论辩后，也为其真情所感动，转而投了他的票。

### 14.2.2 演讲一定要中心突出

任何会议和活动都有自己的主题，任何讲话、发言和讨论都应紧扣这个主题，否则就会跑题，干扰会议方向。

领导者无论出席什么会议，参加什么活动，都要及时了解和掌握会议和活动的主题，议程安排，参加人员；认真听取其他领导的讲话或发言，明确他们的思想和观点，做到心中有数。其中，演讲的话题则显得尤为关键。选择合适的话题，一般要遵循以下一些原则：

（1）选择与会议主题有密切关系的话题

任何会议和活动都有自己的主题，任何讲话、发言和讨论都应紧扣这个主题，否则就会跑题，干扰会议方向。比如在企业技术改造会议上，你大讲特讲企业管理、企业文化，不免有点离题。听众也会觉得你思维有问题。如果你能紧扣企业技术改造，选择一个好的角度切入，发表独特、精辟的见解，定会得到听众的称赞。

（2）选择自己熟悉的话题

围绕自己熟悉和体会比较深的话题讲话，能够有效地消除紧张情绪，打开思路，激发讲话欲望，应付自如；能够准确表达你的思想和观点，容易谈出深度、谈出新意。只有这样才能吸引听众、打动听众。千万不能单纯为了求新、求奇，选择那些自己还没搞懂的话题，更不能冒充内行，乱说一通。否则，要么不能自圆其说，中途卡壳，讲不下去，草草收场；要么破绽百出，班门弄斧，贻笑大方。

（3）选择能吸引和打动听众的话题

讲话是让人听的，你讲的效果如何，关键是看听众的反应。听众是衡量讲话是否成功的标准。因此，选择话题首先要考虑听众是否关心，是否愿意听。如果听众对此不感兴趣，尽管你津津乐道、口干舌燥，也没人听，白白浪费脑细胞。讲话要尽量选那些与听众关系密切、听众熟悉、有一定新意、能给人以启发的内容作为话题。吸引人的话题，不是只有奇闻轶事或深奥的哲理。

（4）选择有独到之处的话题

这一点很重要，衡量演讲效果的好坏，关键是看有没有新意，有没有独到之处。如果老生常谈，把众所周知的事情、津津有味地讲个没完，就没有多少意思，听众也会感到厌烦。因此，要在仔细观察现场、体会气氛、知己知彼的基础上确定一个好的话题。力戒雷同，追求新意。做到这一点，关键是转换角度，提高层次，另辟蹊径。要从思想上站在圈外，纵观全局，仔细观察，再作决定。若先说，就要出奇制胜，先声夺人；若后讲，也要后发制人，道别人之未道，方显独到，高人一筹。

（5）选择符合语言环境的话题

讲话要看对象、看场合。俗话说，"见什么人讲什么话，到什么山唱什么歌。"话题要根据听众的职业特点、文化程度、思想水准、性别年龄、处境心情而确定。如对工人和对农民要有区别，对领导干部和对一般群众要有区别，在城市和在农村要有区别，在工厂和在学校要有区别；喜庆场合与严肃场合要有区别等。如果讲一些不合时宜的话，往往只会弄巧成拙。

### 14.2.3 演讲一定要简洁洗练

美国学者多琳·安森德·图尔克穆忠告人们说："如果你还没有想好用哪个词最合适，那你就干脆别开口。"

冗长的演说是最让人倒胃口的。据说，有一次，美国著名作家、演说家马克·吐温在教堂里听牧师演说，开始几分钟，他听得津津有味，感到讲得很有力量。他在准备捐献时，高兴地打算将口袋里的钱，全部捐出。可过了十分钟，牧师还没讲完，他就决定一分钱也不捐献了。待牧师讲完，收款的盘子递到他面前时，马克·吐温非但没给钱，反而从盘子里拿出两元钱。这则趣闻是对喜好讲长话者绝妙的讽刺。

有人认为在演说中，说话要简洁，语言要精练。就是以最经济的语言手段输出最大的信息量，使听者在较短的时间里获取较多的有用的东西，即有用的信息。反之，抓不住要点，空话连篇，言之无物，或频频重复，枝蔓芜杂，讲了半天也讲不出个所以然，这样必然误人时光，同时也是不受欢迎的。

好的演说言不在多，达意则灵。语言是传递信息和交流思想的工具，演说者的技巧的表现手法主要体现在语言的运用上。用语不烦，字字珠现，简练有力，能使人不减兴味；冗词赘语，呼呼叨叨，不得要领，必令人生厌。

# 十五、当众讲话能力修炼

　　当众讲话也称为即席发言、即兴发言，是指在没有充分准备的情况下，由他人提议或自认为有必要而当众临场发表的讲话或交流活动。当众即席讲话是领导者的一项基本能力修炼。

leadership

## 15.1 当众讲话，出口成章

当众即兴讲话的机会要比有准备的正式讲话多。当众即席讲话通常有三种情况，一种是会议主持人邀请或群众推荐，不好推辞而讲话；一种是受临场情景所感染，情绪激昂，有感而发；还有一种是出现非常情况，作为领导者不得不站出来讲话。比如领导者出席座谈会、讨论会、协调会，参加一些礼仪活动，参观学习活动，下基层检查指导工作，接待群众来访等诸多场合，经常需要作当众即席讲话。不管哪种情况，都决定了当众即席讲话具有突然性、临时性和不确定性。

实事求是地讲，当众即席讲话要比一般的讲话、写文章困难。一般讲话、写文章可以认真准备，精心构思，反复推敲，仔细修改，定稿后才发表。即席讲话不行，没有现成的稿子，来不及认真准备，容不得深思熟虑，全靠现场思索和临场发挥。且"一言既出，驷马难追"，不容修改和掩饰。因此，即席讲话是对一个领导者心理素质、应变能力、说话水平、文化修养等综合能力的考验。

当众即席讲话是领导干部综合素质的一面镜子，是群众评价领导干部能力、水平的一把尺子。领导干部即席讲话若能讲得生动精彩，引人入胜，打动人心，无疑会给听众留下难以忘却的印象。很显然，成功的即席讲话，可以塑造良好的领导形象，提高在群众中的威信，增强权威，有效地促进各项工作的开展。我们经常会看到某些领导，不管在什么会议上，也不管面对多少听众，都能根据会议主题，针对会场气氛，围绕某个问题，迅速组织一篇精彩的即席讲话，运用大量的事实和例证，广征博引，侃侃而谈，还能做到观点鲜明，声情并茂，逻辑严密。听众会从内心佩服这样的领导。

当然，也有的领导，面对众多听众作即席讲话时，不知讲什么，不知从何讲起。即便勉强讲几句，也是乱讲一通，抓不住要领，没有条理，没有章法，头上一句，脚上一句，想起什么说什么，想到哪里说到哪里。

讲完后听众不知到底讲了些什么，就连自己也不知说了些什么。也有的领导，尤其是缺乏讲话经验的领导，在大型场合即席讲话，心慌意乱、词不达意、语无伦次，甚至张口结舌，话不成句，讲不下去，陷入一种尴尬的境地，严重损害了领导者在群众中的威信。

从某种意义上说，善于即席讲话，是领导干部的一项基本功。要想成为一名出色的领导干部，就必须成为一名即席讲话的能手。

即席讲话作为一个紧张而又复杂的语言表达过程，要想很好地掌握，是非常困难的。它与一个人的思想、思维、生活、阅历、知识、口才等诸多因素有直接关系。但是，即席讲话作为领导工作中经常使用的一种讲话形式，并不是高深莫测无法掌握的，自身也有一定的技巧和规律。只要认真学习，勤奋锻炼，即席讲话水平肯定会有较大提高。

简要介绍一些即席讲话的规律和技巧，希望对提高领导者的即席讲话水平有所帮助。

## 15.2 迅速构思，组织材料

话题确定之后，如何紧扣话题展开阐述，把话说透，需要迅速做好两方面的准备：一是在头脑中迅速构思，形成讲话的框架。二是围绕框架抓取材料。

迅速思索，拟定提纲。即席讲话准备的时间虽然不多，但是无论如何，也应围绕话题，迅速在脑海中构思一个简单的讲话提纲。开头怎么开，讲什么；主体部分，讲几个观点。把观点概括好。用关键词、关键句把它列出来；结尾怎么结，有点、有线、有骨架，一篇简单讲话的提纲就有了。

围绕讲话提纲，在有限的时间内，抓紧打一个腹稿。如果讲起来方寸不乱，从容发挥，没有明显的语病，这篇即席讲话就算成功了。打好腹稿，应从以下三点入手：

### 15.2.1 概括好主题

对于训练有素和有经验的发言者来说，在讲话前的短暂时间内，就能根据现场的情况确定讲话的中心内容，以及先说什么，后说什么。对于经验不足的领导者来说，讲前可将内容高度浓缩，进行要点提示，以免遗漏。比如在本单位体育比赛发奖会上作即席讲话，其主要内容应包括以下几点：一是向获奖的集体和个人表示祝贺，向教练员、工作人员表示感谢；二是要说明举办这项活动的意义；三是号召向运动员学习；四是希望今后继续举办。根据这些内容，我们可以用"祝贺""感谢""意义""学习""希望"等词来对讲话内容进行抽象概括，作为讲话主干，届时进行发挥。

### 15.2.2 提炼好观点

观点是用来论证话题的，是为话题服务的。观点要正确、鲜明、集中。与话题无关的观点，会使讲话跑题；与话题相悖的观点，会使讲话自相矛盾。观点是即席讲话的核心，应贯穿于讲话的始终，在讲话中起着纲领性作用。观点要相对集中，与话题无关或关系不大的不讲；在所要表达的几个观点中，要有先后之分、主次之别，抓住主要观点讲深讲透。

### 15.2.3 组织好句群

句群也叫句组，是一篇讲话的基础。一个句群有一个明确的意思，称为"意核"，它可以使几句话联结成句群。如果我们准备几个"意核"，发挥成句群，即席讲话的腹稿也就出来了。即席讲话前可先想好几个"意核"。假若你被邀请参加一个乡镇企业改革工作会并请你作即席讲话，你就可以稍加思索，列出一组"意核"：①这次会议很重要。②会议有几个特点。③突出抓好几个环节：要下大气力抓好企业产权制度改革；要切实加大管理力度；要大力开拓国内外市场；要切实抓好技术改造。④切实抓好落实。然后从容不迫地边想边说。有的讲话可分成几大段，每段又分几条，每条定几个"意核"。围绕这些"意核"展开、补充、联想、举例。这样可以使即席讲话有条不紊。

美国公共演讲问题专家理查德曾推荐了一个精选腹稿结构模式。他认为即席演讲应分为四个步骤进行。

①喂，喂！这两个"喂"的意思是，必须首先激起听众对你演讲内容的浓厚兴趣。他主张开口直接用生动典型的事例画龙点睛，道出主题。

②为什么要费这个口舌？这部分应向听众讲明为什么要听你的演讲，演讲的内容要使听众感到有直接的利害关系，产生紧迫感。这样就易于吸引听众。

③举例。若想把论点形象、简洁地印入听众的脑底就必须举例。生动的事实列举，不但能深化记忆，激发兴趣，而且也能开拓主题。

④怎么办？这是最后一步。在这一步，一定要告诉听众你谈了大半天是想让大家做些什么，最好讲得具体一点。

当确定了讲什么，并构思出了讲话腹稿后，关键是迅速抓取材料。讲话离不开材料，材料是讲话的基础，有了材料才有话可说，观点才有寄托，讲起来才能得心应手。没有足够的材料，脑子里一片空白，就会词不达意，言之无物，语焉不详。凡是讲话水平比较高的人，大都是知识面比较宽，对情况比较熟，掌握材料比较多的。

即席讲话无法在事先作充分准备，完全依靠随机应变。当即抓取材料，不外乎两个方面：一是讲话者平时的知识积累；二是眼前的人和事。无论哪方面的材料，都要尽量选用论证观点有力的材料。材料作为论据是用来证明论点的。因此，要注意选择那些能够反映观点、支持观点、论证观点的材料。只有这样的材料，才能与观点有机统一，使观点更加形象，更加有说服力。

# 15.3 先声夺人，抓住听众

即席讲话的开头，也叫开场白。开场白很重要，能不能马上抓住听众，关系到整个讲话的成败。好的开场白就像一个出色的导游员，一下子就把听众带入讲话者为他们设计的胜境。好的开场白，容易打开局面，便于引入正题。即席讲话应做到先入为上，以强大的气势或声势首先抛出强有力的论点，以压倒或征服听众。

对开场白的技巧，高尔基曾说："最难的开场白，就是第一句话，如同音乐一样，全曲的音调，都是由它定的。一般要花较长的时间去寻找。"就是说第一句话是最重要的，其作用如同音乐的基调。

开场白有故事型、幽默型、引用型、悬念型及开门见山型等多种形式。不管采用哪种形式，要抓一些带根本性、倾向性和普遍性的问题，抓住听众心理，或讲故事，或讲幽默，或设问，或讲客套话、祝贺语等。总之要简短精辟，少拖泥带水，迅速转入正题。

### 15.3.1 循序渐进型

在讲话开头先讲一个与你所讲内容有密切联系的故事，从而引出你的讲话主题。比如，在一堂演讲练习课上，要求学生以《当我走进大学校门的时候》为题，练习开头，其中一个是这样开场的：

大家一定会记得这样一个传说吧：阿拉伯有个神奇的山洞，里面收藏了 40 个大盗偷来的金银财宝和珍珠玛瑙。只要掌握一句咒语，洞门就会自动打开。有一天，一个叫阿里巴巴的人无意中知道了这个咒语，他打开了财宝之门，成为巨富。

这个开场白，运用大家都熟悉的故事，将大学校门比作财富之门，非常妥帖，从而收到了很好的效果。

### 15.3.2 开门见山型

就是一开始就用高度凝练的语言把讲话的基本目的和主题告诉听众，引起他们想听下文的欲望，接着在主体部分加以详细说明和阐述。这是一种直截了当的手法，立即进入正题，不迂回，不啰嗦，不要任何多余的赘言和楔子。例如，1945 年 10 月 1 日，刘少奇同志为即将奔赴东北战场的解放军送行，他说的开场白是："同志们听从中央的决定，要到东北去了，要我来讲几句话"。整个开场白只用了 23 个字，简明扼要。

### 15.3.3 阐明背景型

这种开头就是把讲话的原因或者背景交待给听众，让听者一下子就明白为什么要讲话，讲话的理由是什么；或者说明讲话的背景及在这种背景下讲话的初衷。用这种方法开头平常、自然，很少有波澜，似无标新立异之嫌，但也是平时人们使用最多、也最好把握的一种形式。

在开场白中，有时为了融洽讲话者与听众之间的感情，还采用一些礼貌的话题与听众沟通。它主要分为楔子和引子两部分。例如，1984 年 4 月 27 日，美国总统里根在人民大会堂发表了如下讲话：

"谢谢您，周培源博士，谢谢各位尊敬的女士和先生。今天，我很荣幸能够来到这里，成为有史以来第一位在人民大会堂向贵国发表演说的美国总统。

我和我的夫人一直盼望来世界上历史最悠久的文明古国之一的中国访问，同你们伟大的人民见面，以睹贵国历史宝库的风采。北京宽阔的大道使我们赞叹，贵国人民的待客热情，使我们深深感动。我们唯一的遗憾，就是这次访问的时间太短。看来只能像唐代一位诗人所写的那样'走马观花'了。但是中国的《汉书》里还有另外一句话叫'百闻不如一见'，南希和我深有同感。"

这段开场白可看作全篇的一个楔子。里根一上来就向大会主持人及全体听众表示了深深谢意，对中国表示高度赞扬，对中国古老文化有深厚理解。从礼貌、礼节上讲，这都是十分必要的。

通过这番话很快架起了里根总统与听众之间的感情桥梁。接着里根总统又说：

"12 年前，前总统尼克松来到北京，他走下空军一号专机同周恩来总理握手。事后，周恩来总理告诉他：你那只手，是从世界上最浩瀚的大洋的彼岸伸过来的手，是经过 25 年的完全隔绝之后重新伸过来的手。

从那次握手开始，美国和中国都打开了自己历史上新的一页。我认为现在历史又在召唤了。"

这两段话就是整个讲话的引子。通过引子这座桥梁很快把讲话引入正题，转折、衔结自然，恰到好处。

## 15.4 通俗易懂，深入浅出

让人听懂是对讲话者最基本的要求。如果你在讲话时单纯求奇、求新而卖弄辞藻，用一些艰涩的语汇和专业术语，让人听起来非常吃力，就会影响听众的情绪，即使你费了好大一番口舌，也是费力不讨好的，听众不买账。因此，讲话一定要尽量使用通俗易懂、明白如画的语言来表情达意。这样才能让听众迅速而又准确地接受和理解，才能给听众留下深刻的印象。

毛泽东同志非常注意运用通俗易懂的语言，用群众熟知的事例，深入浅出地说明深奥的道理。比如，他在讲解动机和效果的关系时，说道："现在要问：效果问题是不是立场问题？一个人做事只凭动机，不问效果，等于一个医生只顾开药方，病人吃了有什么效果他是不管的。又如一个党，只顾发宣言，实行不实行是不管的。试问这种立场也是正确的吗？"毛泽东用医生看病这样通俗的事例来说明哲学界争论不休的问题，明白易懂。

即席讲话要吸引人，不仅要通俗易懂，还要生动有趣，以增强临场气氛。呆板、枯燥的语言会使人生厌，昏昏欲睡。要注意运用听众比较熟悉的特定的地点、特定的节目或有象征意义和纪念意义的实物来作比，运用明确具体、形象生动的语言来阐述事理，不能颠来倒去总用那几个词，死板板地说教。

## 15.5 简洁朴实，不落俗套

简洁朴实的语言风格既能体现领导者亲切待人、不摆架子的优良品质，又能显示领导者求实务实的工作作风。真正能吸引、打动听众的是那些真话、实话、心里话。千万不要装腔作势，盛气凌人。群众的眼睛是雪亮的，任何虚假的东西都逃不过他们的目光。

即席讲话不仅要简洁朴实，还要力求有新意，不落俗套，更不能一味重复别人讲话。这就要求领导者要善于了解和掌握群众的心理态势，抓住关系群众切身利益的敏感问题，选准角度和时机切入，使所讲的话，符合时代要求和群众需求，这样才能使讲话有的放矢，让群众感到亲近、实在、可信、可行。如某新任县委书记走马上任，在县里召开的一个会议上，他作了即席讲话，他说："我的原籍在长沙，且在那里读书、工作多年，那里是我的第一故乡。从昨天到县里起，我就是县里的公民了（听众掌声）。现在，不但我是县里的公民，我爱人、小孩的户籍关系也一同转来了，应该说，他们也是大家中的一员（听众掌声）。我到这里来工作，这里就是我的第二故乡，是我的家了，是家，只有首先安家，才能当好家，把故乡建设好，让家乡的父老乡亲过上好日子（听众掌声）。我相信，只要我们各级领导者与人民群众同甘共苦，齐心奋斗，就一定能够战胜各种困难，把自己的家乡建设好。"（听众热烈掌声）这位县委书记的即席讲话，实在是质朴无华，却跌宕起伏，抑扬顿挫，给群众留下了深刻而良好的第一印象。收到了化平淡为新奇的精彩效果。

# 15.6 把握分寸，适时适境

即兴说话要讲究策略，注意分寸，看对象、看身份、看场合。

在公共活动中即兴说话要讲究策略，注意分寸，表达的内容及方式要适时、适情、适势、适度。否则，表达难达目的。

社会人有民族、地区、性别、年龄、经历、职业、职务之差异，交际双方有老幼尊卑、亲疏远近、上下左右等关系之区别，说话要取得良好的效果，必须要看对象、看身份、看场合。

## 15.6.1. 看对象说话

在不同的对象面前要说不同的话语。女性比男性爱美，更忌别人说她老，因此对肥胖的男士可以说他像水桶，对女人就不能说。对小孩说话不必忌讳一些与生老病死有关的字眼，对老人就不行。如果遇上一老人去换煤气罐，你说："老大爷，您没气啦！"老人家会很不满的。对文化层次比较低的人，言辞可粗俗一些、口语化一些，但对文化层次较高者，表达要文雅，语气要和缓、委婉些。对心境不同的人说话要注意，不能"哪壶不开提哪壶"。

### 15.6.2 看身份说话

一个人的社会地位不同，身份就不一样；一个人的社会地位改变了，其语言活动也跟原来不一样。因此在表达时，既要看对方的"职""位"，又要考虑到自己的"位"和"职"。

有位老师去家访。进门一看，宾客如云，高朋满座，这位老师立即识相地告退。告辞时他很有礼貌地讲了一句文雅的话：

"请恕冒昧，请恕冒昧！"

不料第二天，这位学生家长找校长告状了："昨天我妹妹正出嫁，你们那位'花疯'老师跑去，要我'请许胞妹，请许胞妹，真是混帐透顶了！'天大的误会，令人喷饭。原因在这位老师说话不看对象与身份上。

### 15.6.3 看场合说话

同样一句话在不同的场合下对同一个人来说，产生的实际效果是完全不一样的。场合有严肃与随便之分，自己人与外边人之别，喜庆与悲伤之异。王蒙在《表姐》中刻画了一个不看场合说话的表姐。"表姐非常关心别人，关心往往成为担心，以不祥的预言的形式表现出来。邻居生了一个白白胖胖的小小子，很招表姐喜爱，表姐就说'真怕他得了脑膜炎……'表弟买了一辆自行车，她就把'撞到汽车上''被贼偷去'等话挂在嘴上。……听着她的话，简直像一个猫头鹰的诅咒一样地令人产生反感。"

这位"表姐"说话不看场合，都是一些无穷的忧虑，老令人扫兴，当然不受人喜欢。

# 15.7 言既已尽，回味无穷

戏院中有一句老话："从上场和下场的精神，就可以知道衙门的本领。"这句话虽然是指演员，然而对讲话者也是很适用的。这句话告诉人们要高度重视开头语和结束语。

结束语是即席讲话的重要组成部分，精妙的结束语能使讲话收到意想不到的效果。通常情况下，结尾不应冗长拖沓，更不能画蛇添足，而要在言不必尽或达到高潮时戛然而止，给听众以余音绕梁、回味无穷的感觉。结尾时要尽可能达到与听众感情上的交融，引起共鸣。在把握好分寸的前提下，满腔热情地提出希望、要求和建议。充满激情的结尾，有很大的鼓动力，特别是一些动员性的讲话，可以使人振奋，使人激昂。如同看一场足球赛，中场进一球，与临终进一球，球迷的情绪和效果是大不一样的。

即席讲话结尾的形式和方法很多，可以用高潮式、总结式和余韵式结尾；也可以用格言式、号召式和呼吁式结尾；还可以用引述式、幽默式和赞颂式结尾等。不论采用哪种方式、方法都应使结尾干净利落，戛然而止。结尾要遵循的一个原则是：全部思想内容已经表达清楚，就一定要及时、利索地收场。

美国星期六晚报的主编罗粹慕先生说过："我把文章刊登在最受欢迎的地方，就结束了，而在演说上，当听众达到最愉快的点，你就应该设法早些结束了！"

林肯第二次就任总统的演说结束语历来被称为最妙的、最精彩的结尾。他说：

"对任何人都不怀恶意，对一切人报宽容态度；坚持正义，因为上帝使我们懂得正义。让我们继续努力完成我们目前正在进行的事业，把国家的创伤包扎起来，关怀那些担负起战争重担的人，关怀他们的孤儿寡妇——凡是可以在我们中间、在同所有国家的关系方面带来和保持公正持久的和平的一切事情，我们都要去做。"

这个结尾不愧为经典之作。干净利索，凝练有力，极富人情味和鼓动性。老舍先生在一次演讲中，他开头说："我今天给大家谈六个问题。"接着第一、第二、第三、第四、第五，井井有条地谈着，这时他发现离散会的时间不多了，于是他提高嗓门说："第六，散会。"听众先是一愣，接着就欢快地鼓起了掌声，大家都十分敬佩老舍先生的幽默。老舍先生知道已到散会时间，没有再按事先准备的去讲，而是选择时机戛然而止，既幽默又利索。

讲话贵在适可而止。当止不止，白费力气。当讲话因种种原因需要中止时，你仍然滔滔不绝、按部就班地讲个不停，必然引起听众反感。这时，你应设法立即中止讲话，这样会得到听众的理解和好评。

# 15.8 目的殊同，形式各异

领导讲话目的不同，采用的形式亦不同。因为任何形式都是为目的服务的。一般而言，在不同的场合，面对不同的听众，领导讲话的目的也迥然有异。有的场合可能仅仅为了自我表现、自我展示，有的场合则为了说明情况，表白内心，除此之外，领导还可能会遇到一些需要答谢的场合，甚至发泄情绪的场合等等，不一而足。总之，不管为了哪一种目的，所采用的形式都是恰到好处和生动活泼的。

## 15.8.1. 表现式发言

表现式演讲，是指演讲者通过演讲来展示个人才华，表达个人意愿，谋求实现个人理想和抱负的演讲，是向听众推销自我，以得到听众赞赏和认同的演讲。

表现式演讲应注意以下几点：

①开篇要新颖别致

良好的开篇是演讲成功的重要前提。开篇应以新颖引人为宜。新颖是制胜的法宝，唯其新颖别致，才能吸引人、打动人，才能收到受人瞩目之效。

②自我介绍要有针对性

演讲的目的在于使听众对演讲者有充分的了解和认识，从而鉴别是否胜任该岗位。因此，演讲者须自我介绍学历、经历、政治素质、业务能力，引导听众自然而然地推论出此岗位非演讲者莫属的结论来。

演讲中，凡是相关的学历、经历、能力及个性特征都要介绍，而且要言之有物，最好以曾经获得的殊荣、奖励等加以证明。切忌用鉴定式的语言、大而空的套话来勾画自己。

③目标要有感召力

工作目标与措施是表现演讲的重要内容，是能否获得听众的信任和支持的重要前提。演讲者必须围绕听众关注的热点、难点，提出明确的工作目标和切实可行的措施，力求达到客观性、可行性和先进性的统一，做到言出必行，语出有果，目标高低适度，措施科学适宜，以增强演讲的感召力和聚合力。

④表述要富于幽默感

演讲中，适时融入幽默的语句，易于赢得欢笑与好感；诙谐的真话笑说，比庄重严肃的表白更易深入人心。

一位竞聘处长的演讲者说："本人缺点：身高 1 米 66（脱鞋量），是名副其实的袖珍男子汉。虽无伟岸的身躯，却颇有些雕虫小技，因此，做副手时，总有点有劲使不上，拳脚蹬不开的感觉。"如此这般的鲜明对比，令人忍俊不禁，好感顿生，演讲收到事半功倍之效。

⑤缺点要点到为止

演讲主要是展示自身优势，从而赢得人们的信任和支持。如果缺点毛病介绍过多过细，无形中就损害了演讲者在听众心中的形象。因此在演讲时，缺点要点到为止。

一位竞聘处长的演讲者自述了优势之后言明："我也深知还有不适合这份工作的另一面，但是有在座各位的支持和配合，我有信心做好工作。"言简意赅，既承认有不足，又含而不露，恰到好处，令人叫绝。

### 15.8.2 表白式发言

现代社会，表白式演讲已成为一种经常运用的演讲形式。如就职演讲就是一种。如何做好就职演讲呢？主要有以下几点：

（1）袒露自我

袒露自我，即演讲者必须要同听众坦诚相见，推心置腹，以诚换诚。

江西丰城县志主编金达迈在就职演讲中真诚地讲道："历来修志，注重主编身份，或状元，或进士，或举人，可我却出身卑微……我聪明不在人上头，年纪不在人下头，主编之职，实难胜任。"

他的话使台上台下相视而笑，200多人的会堂里，一下子安静下来。接着他就把自己"赤裸裸"地呈献在众人面前：金某不是一个人云亦云的人，他有自己的语言，自己的个性，自己的主张——一个普普通通、正直、自信的人。最后，他也没像一般就职演讲者那样讲几条决心、几条保证，而是坦诚地说："一个好汉三个帮……在哪只船顾哪只船……你们是真正的英雄豪杰，你们从事的是不朽的事业。"

他的就职演讲获得了台上台下长时间的热烈掌声。

（2）目标实际

目标实际，就是抓住听众的求实心理而确定努力目标，且目标要切合实际。

一位水表厂厂长在就职演讲中的"决心"，就注意了实事求是："恕我直言，我无力为你们迅速带来财富，提高你们的工资，增加你们的奖金。但我将竭心尽智使你们成为企业的主人……我将诚恳地倾听你们的呼声，热忱地奖励和采纳你们的合理建议。……只要我们每个人都充分发挥自己的智慧和潜力，那么，可以断言：我们厂在不久的将来就会彻底摆脱贫困，告别瘫痪！"

他的就职演讲刚结束，台下立即掌声四起。他那有一说一、有二说二、实打实的就职演讲，鼓舞了工人的斗志，在工人心中燃起了希望的火焰。

（3）干脆利落

干脆利落，是指演讲者在演讲中要注意用最少的字表达尽量多的内容，少而雅，简而丰，精明而短快，干脆而利落，就更能增强演讲的力度和光彩。

一位新上任的妇联主任，在就职演讲时既没讲当前形势，也没说今后措施；既没谈妇女的地位，也没讲计划生育的意义，面对全村妇女，她爽快地说："大伙儿选我当妇女的头儿，算是瞧得起我，请婶子大娘姑娘姐妹们放心，我也是女人，也有丈夫，有家，也怀孕生过孩子，我知道哪些利益该为咱妇女去争，哪些事该咱妇女去干。我先试着干一年，干不好，大伙儿再另选别人。"

当人们还等着她往下讲的时候，她已结束了演讲，只简短几句，好像什么都没讲，可仔细一想，又好像把许多内容都讲了。干净利落，让人听着不腻，嚼着有味。

（4）独辟蹊径

为了引起听众的注意，演讲时应撇开旧套路，选取新角度。

某部九连新任指导员的就职演讲就不同凡响。他先从数字讲起："世界上有些人对一些数字有偏爱，其实，'9'也是一个很好的数字，它寓意深刻，含义丰富。'9'含有圆满之意，'9'的上半部分是一个圆，好像桌子上的圆杯，'9'的下半部分是一撇，形似杯中外溢的水，水满才会外溢，正好体现了我们九连岁岁丰收，事事圆满。"

同样的开台锣鼓，他却能巧奏出动人心弦的新鲜鼓点来，既活跃了气氛，又融洽了情感，有"曲径通幽"之奇，"暗度陈仓"之妙。

以上几点只是表白式演讲成功的重要因素。实际上，表白式演讲的技巧是无穷无尽的，还要在实践中不断研究和探索。

### 15.8.3 答谢式发言

现代社会中，各种评奖会、庆功会、表彰会屡见不鲜。答谢演讲成为经常运用的一种演讲形式。

如何使答谢演讲获得成功呢？主要应抓住以下五个方面：

（1）恰如其分，得心应手

获奖者，受表彰者无一不是某一方面的佼佼者。他们所从事的工作内容，是获奖者、受表彰者感受与体会最深切的。因此，以获奖的内容来进行答谢演讲是得心应手的。

1991年11月，中国电影的最高奖"金鸡奖"与"百花奖"在北京同时揭晓。著名演员李雪健因主演《焦裕禄》的主角焦裕禄，而同获这两个大奖的"最佳男主角"。

李雪健在获奖后致答谢词时说：

"苦和累都让一个好人——焦裕禄受了；名和利都让一个傻小子——李雪健得了。"

他话语刚落，全场掌声雷动。

李雪健抓住影片《焦裕禄》中的主人公焦裕禄，恰如其分地运用对仕的语言，既歌颂了焦裕禄的高尚品质，又表达了自己受之有愧的心情，给人留下深刻的印象。

（2）真情实感，言简意赅

一个人能够获奖或受表彰，其人生的价值体现出来了。此时此刻，他兴奋、激动的心情是可想而知的。因此，一些获奖者常常用简短的演讲来表达发自内心的感情。

1990 年，上海"申达杯"旅游征文在上海沪东工人文化宫颁奖。一等奖获得者沈士彦在致答谢词时说：

"我是一个幸运者。幸运之所以来临，我得感谢全体评委，是他们对我的厚爱；我得感谢指导我的老师，是他们培养了找；我得感谢我的妻子，是她全力支持了我。"

沈士彦的答谢演讲，以排比的修辞手法，言简意赅地表达了真挚的感情，表示感谢支持、关心、爱护他的人。

（3）由衷热爱，执着追求

获奖、受表彰固然是成功的标志。然而，一个有远大抱负的人，将继续在自己从事的工作上不断奋进，去攀登更高的高峰。因此，答谢演讲常常又表达对自己所从事的工作的热爱或追求。

1991 年 8 月 8 日，上海教育局为著名特级教师于漪从教 40 周年举办庆祝会。在会上，于漪老师激动万分地说：

"如果逝去的岁月可以重新归来，青春的年华可以再次度过，那么，我将依然选择太阳底下最伟大的职业。"

此刻，全场响起雷鸣般的掌声。这段答谢演讲表达了于漪老师对教育事业的执着追求与由衷的热爱，听众从她的答谢演讲中感受到她那激跳的脉搏与滚烫的情感，从而产生崇敬的心情。

（4）谦虚谨慎，不骄不躁

一个人有了成就之后，随之而来的是赞美、鲜花。在这种情况下，更要保持清醒的头脑，成绩只能说明过去，一切从零开始。因此，在答谢演讲中由于表现出自谦的美德，也使答谢演讲增色生辉。

伟大的无产阶级革命导师恩格斯到维也纳、柏林访问时，两个城市的人民热烈欢迎恩格斯。维也纳人民还为他的来访召开庆祝会。

恩格斯在答谢时说：

"如果说我在参加运动的 50 年中确为运动做了一些事情。那么，我并不因此要求任何奖赏、我的最好的奖赏就是你们。"

恩格斯在演讲中并未因为对革命运动做出巨大贡献而沾沾自喜，显示了谦虚谨慎、不骄不躁的风貌。

（5）加强交流，满足需求

获奖者往往是离不开听众的支持的。有的获奖者是听众投票产生的。答谢演讲时面对的是自己的崇拜者、崇敬者。因此，答谢演讲应与听众进行有益的交流，满足听众的需求。

1991 年 11 月，上海电视台"今夜星辰"节目主持人叶惠贤，荣获全国节目主持人金奖。他在答谢演讲时说：

"我感到咫尺荧屏就像一片无际的海洋，主持人就像一条经受风吹雨打的小船。我将竭尽全力驶向观众喜爱、欢迎的彼岸。同时，也渴望得到观众的支持。"

这段答谢演讲，叶惠贤通过巧妙的比喻，表达了他不辜负观众的期望的决心，并愿意再接再厉，更上一层楼，接受广大电视观众的检验。观众听其言，会得到一种满足感与欣慰感。答谢演讲的意义也得到了升华。

### 15.8.4 暗示性发言

精彩的演讲不一定都由精妙华美的词语所构成，也未必见得一味直露胸臆，只要适时、适地、适境，讲法巧妙，同样具有震撼心灵情感和扭转乾坤的力量！

暗示演讲是指演讲者在演讲中依靠某种提示来表达某种隐蔽的观点，以便使听众形成一种印象，认为这些观点正是自己思维的产物，并定势于脑中的演讲艺术。

冯玉祥当旅长时，有一次驻防四川顺庆，恰巧另外一支"友军部队"也在附近驻扎。"友军"将骄兵惰，官长上街都穿着黑花缎的马褂、蓝花缎的袍子、青缎的刺花云下靴，在街上摇摇摆摆，像当地富家公子一样。

有一天，冯玉祥听到这样的报告："我们的士兵在街上买东西，第四混成旅的兵见了，就讥骂我们，说我们穿得不好，骂我们是孙子兵。"

冯闻之，只是淡淡一笑说："由他们骂去，有什么可气的，不要理他！"

冯玉祥见官兵余怒不消，敏感有可能出乱子，便立即集合全体官兵，做队前讲话：

"刚才你们来报告，说第四混成旅的兵骂我们是孙子兵，听说大家很生气，可是我倒觉得他们骂得很对。按历史的关系说，他们的旅长曾做过二十镇的协统，我是二十镇里出来的，你们又是我的学生，算起来你们不正是差两辈吗？他们说你们是孙子兵，不是说对了吗？

再拿衣服说，缎子的儿子是绸子，绸子的儿子是棉布，现在他们穿缎子，我们穿布衣，因此他们说我们是孙子兵，不也是应当的么？不过，话虽这么说，若有朝一日开上战场，那时就能看出谁是爷爷，谁是真的孙子来了。"

几句话把官兵们讲得大笑起来，怒气全消。

这篇演讲词通篇不见驳，却句句是驳；通篇不见斥，却句句是斥；没有说教，却令人深受教育。寓刚于绵，寓蔑视于诙谐，寓教于趣，欲抑先扬，层次分明，语言通俗，疏通了士兵的郁闷心扉。

由此可见，暗示演讲，最显著的特点是不直言叙意，但听者明理，判断性的结论演讲者不说，但听者个个都可做出。

冯玉祥这段简短的演讲词直到最后也没有给出一个判断，但官兵个个都能做出判断，并懂得了是否是孙子兵不取决于穿着如何，而在于能否打胜仗或是否能征善战。

暗示演讲通常可以免除威压和说教，以一种比较含蓄的说法，获得"曲径通幽"之效。

德国女数学家爱术·若德获博士学位后，却一直不能开课，因为她还没有得到讲师资格。

在围绕她应不应该评为讲师的时候，并不因其才学，而是因其是女性。在评议会上，绝大多数人都认为因无先例，不能通过。面对这种情况，科学家希尔伯特发表他的演讲：

"先生们，性别绝不应该成为反对她当讲师的理由。我请先生们注意：大学评议会，毕竟不是洗澡堂！"

### 15.8.5 发泄式发言

发泄式演讲，是借适当的修辞式语法，借此说彼，指东说西，以达到发泄自己心中不快、郁闷或嘲讽、挪揄对方。

从前,有个县官带着随员骑着马到王庄去处理公务,走到一个岔道口,不知朝哪边走才对。

正巧一个老农扛着锄头走来,县官在马上大声问老农:

"喂，老头，到王庄怎么走？"

那老农头也不回，只顾赶路。

县官大声吼道："喂！"

老农停下来说："我没有时间回答你，我要去李庄看件稀奇事！"

"什么稀奇事。"

"李庄有匹马下了一头牛。"老农一字一板地说。

"真的？马怎么会下牛呢？"县官百思不解。

老农认真地回答说："世上的稀奇事多哩,我怎知道那畜生为什么不下马呢？"

对于这位问路时既不下马，还大声吆喝的县官，老农机智地运用了双关来给予揭露和讽刺。

他借字面上的李庄之马下了头小牛却不"下马"的"稀奇事"，发泄对身为县官的大老爷连问路时该"下马"都不懂的愤怒心情；借字面"畜生"，斥责连做人的常礼都不懂的县官。

### 15.8.6 激励式发言

激励式演讲，就是一种有意识运用刺激性语言，激发对方自尊以使之振奋的讲话方式。

俗话说，"劝将不如激将"。激言用得适当，能激起对方同情、反感、尊敬、蔑视、悲愤、欢乐等肯定或否定的感情，从而使对方形成与自己相同的观点，达到相辅相成的目的。激言的用法很多，下面略举几种。

（1）直激法

就是面对面直出直入地贬低对方，刺激之、羞怒之、激怒之，以达到使他"跳起来"的目的。某造纸厂改革用人制度，决定对中层干部在厂内张榜招贤。

榜贴出后，大家都看着有能力、有技术的技术员小黄。然而由于某种原因，他正在犹豫不决。

一位老工人走了过去，直言相激："小黄啊，厂里花那么多钱送你去上大学，你不是个优等生吗？大家巴望着你出息呢，没想到，你连个车间主任的位置都不敢接，你真是个窝囊废！"

"我是窝囊废？"话音未落小黄跳了起来，说："我非干出个样儿来不可！"他当场揭榜出任了车间主任。

（2）偏激法

就是有意识地褒扬第三者，以暗示的方式贬低对方，从而激发对方奋起向上，超越第三者的决心。三国时，诸葛亮说服孙权共同抗曹，就运用了这种方法。

实际上，夸耀旁人，在客观上就等于贬低了对方，使其自尊心受到刺激。为恢复失去的心理平衡，被刺激者必然奋起直上，压倒自己的对立面，这样就使说者的目的得以圆满实现。

（3）暗激法

就是有意识地褒扬对方光荣的过去，从而激起他改变现状的决心。

某化工厂食堂办得不好，工人有意见。

一天，刘书记叫来转业干部、行政科高科长到食堂来，见工人们又敲筷子又敲碗，骂骂咧咧的情景，然后说："老高，你的老部队在新疆吧？"

"是的。"

"你在部队是优秀炊事员、优秀司务长？"

"是的。"

"你当军需股长时立过二等功？"

"是的。"

"那，现在呢？"

老高低下了头。

刘书记说："咱不说别的，就说为转业干部的声誉，你也不能把工作放松到这一步啊！难道你连个伙房都搞不好？！"

第二天，老高就像变了个人，下伙房亲自抓。半个月后，食堂大变样。

由此可见，这种暗激式的激言，对那些在思想上、工作上曾经有过光辉一页的人是十分有效的。

# 十六、影响能力修炼

　　领导者的影响能力，全凭其人格魅力、品性、声望等个人素质的综合作用，而对特定个人或群体产生的影响深度、广度和力度，籍此实现感化、鼓舞和领导下属的目的。

leadership

## 16.1 领导者影响能力的体现

领导者的影响能力是由领导者本人的知识、经验和技能所产生的一种力量和能力，知识经验丰富的领导者更容易获得这种能力。

领导者的学识和才能，可以使下属产生信赖和钦佩的心理，从而使领导者本身获得影响和感召下属的能力。

一般说来，领导者的影响能力主要体现为以下几个方面。

### 16.1.1 体现为一种影响的力量

由于影响能力是让人心悦诚服的感化力和召唤力，因此，被影响、感化者就会被领导者的综合素质所打动，并受其影响。汉初，周亚夫将军在细柳军营按规矩挡了汉文帝的大驾，谁知这不但没有使汉文帝发怒，反而影响和感化了汉文帝，使他意识到要依法度行事，自己也不能例外。汉文帝常和随从提起周亚夫的这件事，一个月后就升了周亚夫的官。文帝临死时还特地向儿子交代："今后国家有事，周亚夫可统帅三军。"可见，周亚夫对汉文帝由感化而引发的影响力该有多么大。

### 16.1.2 体现为一种亲和的力量

领导者要想让自己具有一定的影响能力，必须使下属产生一种心力交融，感情相通，热乎乎的心灵快感。这种心灵快感与领导者的期望相伴相随，相呼相应，并最终化为一种甘愿听从领导者召唤的行动。例如，孔明七擒七纵，终于感化了孟获（"七擒七纵，自古未尝有也。吾虽化外之人，颇知礼仪，直如此无羞耻乎？"），"蛮方皆感孔明恩德，乃为孔明立生祠，四时享祭，皆呼之为慈父"；也终于召唤了孟获，蛮方"各送珍珠金宝，丹漆药材，耕牛战马，以资军用，誓不再反"。

### 16.1.3 体现为一种激励的力量

领导者的影响能力是领导者从下属心底深处激发出一种主动性。这种主动性并非出自于一时一事的劝导和说服，而是出自于领导者行为的感化和品德的影响。楚汉相争时期，陈平有弱点，而高祖刘邦坚信坚用而不疑，使得陈平被激励，一生追随刘邦，屡献奇计，安邦定国，为刘汉江山做出了非同寻常的巨大贡献。

### 16.1.4 体现为一种化解的力量

领导者的影响力可以让人消弭一时一事的计较之心，并抛开个人得失而甘愿维护领导的尊严和权威。因此，它对化解主导者同被感化者之间的意见分歧和矛盾，甚至通过感召化解第三者的意见分歧和矛盾有着不可低估的作用。战国后期秦王把责任都揽在了自己头上，感动了范雎，消除了疑虑，化了君臣之间的矛盾。

### 16.1.5 体现为一种控制的力量

如果一位领导者具有足够的影响力，那么他就能换取下属无条件的追随和崇仰。作为被影响者的下属因真心感动而自觉约束和控制自己的言行，使其符合感召领导者所期望的要求。唐高宗曾因昭陵守墓将军擅自砍伐陵墓树木而拟处死他，大臣狄仁杰竭力谏阻，终于感化唐高宗，唐高宗不但同意了狄仁杰的意见，不坚持杀人，而且还豁达地主张把该事件记入史册，同时加封狄仁杰官职。这就是影响力所体现的被影响、感动者出于自觉的控制力量。

### 16.1.6 体现为一种行动的力量

领导者的影响力在强烈感化下属心灵的同时，也必然会体现在被感化者的行动上，这种行动是自觉的行动，是合于影响、感召者所期望的行动。《左传》记载，齐国攻打鲁国，鲁庄公准备应战，由于鲁庄公说一定尽力为百姓办事，取信于民，曹刿为有这样的国君而感动。被鲁庄公感动了的曹刿，不但提出"可以一战"，而且请求随同鲁庄公一起出征。在战争过程中，他充分地发挥出了自己指挥作战的才智和能力，协助鲁庄公击溃强大的敌军，并一直把敌军赶出国门。

了解了领导影响力所体现的六个"力"，人们就不难明白领导能力的运用范围，而且也能从中去思考各种相关的领导能力的技巧和艺术。

## 16.2 激发影响能力的因素

领导者的影响能力是从下属与领导者之间的相互作用中产生的。它是一种人与人之间的相互影响，这影响就像相互作用的网把所有参与者联系起来。领导者与下属的相互作用是基于信任，领导者以其个人威望和人格魅力激励别人心甘情愿地与自己保持一致。

具体地说，领导者的影响能力产生的原因主要有以下几方面。

### 16.2.1. 领导者的人格因素

领导者的人格主要包括道德、人品、行为、作用等。具有高尚人格、优秀品质的领导者，容易使下属受到影响和感化，下属会认为这样的领导者值得亲近和信赖，甚至去模仿和效仿领导者的言行，从而使领导者产生更为突出的影响能力。

### 16.2.2 领导者的才能因素

领导者的聪明才智和工作能力、专业能力，是领导者能否胜任领导职务、完成领导工作的重要条件。一个有能力的领导者能使被领导者心悦诚服，这是一种心理磁力，它能使人们更为自觉地接受上级领导的影响和感化。

### 16.2.3 领导者的知识因素

学识丰富、知识渊博的领导者在指导工作、组织管理、沟通协调、领导指挥下属时，容易取得下属的信赖与认可，使下属产生一种这样的心理或感觉：他学识比我渊博，在他领导下工作也是一种最好的学习过程。当这种心理通过实践得到强化时，下属对上级领导的信赖、受上级领导的影响便会与日俱增。

### 16.2.4 领导者的感情因素

领导者与下属建立良好的感情关系，便能使领导与下属之间产生亲近感，领导者的吸引力就更大，彼此的影响力就更强。领导待人和蔼可亲，与下属关系融洽，其影响能力就更易于使下属接受。

# 16.3 领导者影响能力的培养与提升

领导者的影响能力是领导者个体素质的综合体现，这些素质主要是指领导者的品格、作用、办事风格、群体中的声望和社会身份与地位、心理品质（如强烈的创新意识、谦虚与自信、忠诚守信、热情豁达等等）。领导者的多种素质在不断地相互作用、相互影响的过程中得到强化和提升。

## 16.3.1. 塑造形象

下属在通常情况下主要是通过以下几个方面感知和认识领导者的影响能力的。

（1）过去的工作经历

一个领导者应充分运用过去成功的经验来有效地处理新的工作问题，通过领导实践活动和其他方式向下属展示自己的各种工作经验和成就。

（2）受教育的程度

一个领导者应获得公众承认的正式的教育训练，拥有众人羡慕的学历、文凭、证书等。

（3）新任职的实绩

一个领导者应尽量避免做成功把握很小的工作和决策，而去做那些有更大成功可能性的工作和决策，以便"踢开头三脚"，做出成绩来，迅速提高信誉和威望，获得较多的感召力和影响能力。

（4）公众形象

实践证明，当领导者出现在公众场合时，他们的行为举止的影响力要比他们语言的影响力大得多。这是因为，在公众场合，领导的一言一行都被群众看在眼里，这些直观的形象信息，很能影响群众对领导者的看法。对于群众来说，他们凭借"耳听为虚，眼见为实"的信条，也就是说他们更相信自己眼睛看到的东西，并据此做出自己的判断。一般说来，领导者的良好形象将带来积极作用，反之便会对工作造成消极影响。有些领导者意识不到这个问题的重要性，尽管他们在单位里做了很多的工作，也很辛苦，可是当他们下到群众中时，没有在意自己的形象，反而影响了威信。那么，领导者应在哪些方面注意形象呢？

①在危急时刻，领导者应展示与下属同舟共济和坚定勇敢的形象，以产生强大的号召力和凝聚力。这种作用在生死攸关的战场上，在抢险救灾的搏斗中，在恶劣的条件下，尤其显得必要。

②在平时，领导者应树立自律自重的形象，以此形成感召力，影响部下的行为。只要是要求部下做到的，领导者自己都要做到，哪怕是一个细微动作，一个细微的表情，都可能产生意想不到的效果，而且职务越高影响就越大。这些极平常的细微的动作，群众看了会产生亲近感，并由小及大，推测他们的为人品行，进而产生信任感。

领导者应在下属的心目中努力塑造一个有真知灼见、经验丰富和才华横溢的形象。在树立自己形象的过程中，应避免故意卖弄、好大喜功、急功近利、华而不实等做作之举。若领导者存心炫耀自己，结果会适得其反，反而丧失其影响力。

### 16.3.2 增加专长

华北某市有两家市属糖厂，古塔糖厂的经理年富力强，毕业于轻工学院食品系，可谓"内行"领导。另一家宝塔糖厂的经理毕业于某工业大学的无线电系，前年才从无线电厂调到糖厂当经理，业务上是个外行。可是宝塔糖厂却把古塔糖厂兼并了，此事在当地引起很大反响。很多人不明白，为什么"外行"经理把"内行"经理兼并了呢？其实原因很简单，古塔糖厂的经理在专业上、技术上也许是个内行，有他的专长，有他的专家影响力。可是在领导管理糖厂方面却很欠缺，他不善于用人，不善于激励员工，结果员工的工作满意度下降，人心涣散。也就是说，在领导艺术和管理方法方面，古塔糖厂的经理是个"外行"，没有专长。宝塔糖厂的经理虽然在制糖方面的专长比不过古塔糖厂的经理，但他善于决策，用人有方，领导艺术高超。也就是说，他在领导和管理方面有专长，有影响力，乃至于把宝塔糖厂搞得红红火火，所以把古塔糖厂兼并了。从领导艺术的角度来看，宝塔糖厂的经理才是真正的内行。

业务方面的专长包括销售方面的专长、技术方面的专长、工程方面的专长、财务方面的专长等，领导管理方面的专长包括果断决策的专长、激励用人的专长、沟通协调的专长、应变创新的专长等等。在企业中两种影响能力如果兼而有之最好；如果不能兼得，当然领导管理方面的专长更重要。

在领导活动中，根据不同能力、特长所表现出来的领导能力类型各有差异，从微观的角度看，有的领导者善于观察，全面细致；有的领导者善于分析，判断问题准确；有的领导者善于思考，具有远见卓识；有的领导者善于组织，工作秩序井然；有的领导者善于处理人际关系，协调沟通能力强。从宏观的角度上看，有的领导者善于党政方面的领导工作，具有党政方面的领导能力；有的领导者善于企业方面的领导工作，具有企业方面的领导能力；有的领导者善于群众方面的工作，具有群众方面的领导能力；有的领导者善于科教方面的工作，具有科教方面的领导能力；有的领导者善于军事方面的工作，具有军事方面的领导能力。

领导心理学认为，领导才能是维持领导者在领导活动中的主导地位的最重要的因素之一。实践证明，一个拥有较高领导才能的领导者，能够自然地得到被领导者的由衷敬佩，并自觉地接受其领导，从而也拥有较大的影响能力。一个能力低下的领导者，在下属心中是负值，当然也谈不上威信，甚至出现不服从或反抗其领导的现象。

如果一个领导者不具备必要的影响能力，那么，在他所负责的地区和部门，就会出现领导工作的负结果，会招致人们的轻视，因此，领导目标的实现、工作任务的完成、领导效能的高低，都直接与领导者才能密切相关。大量的实践证明，在一般情况下，领导能力和领导影响能力趋向正比。领导才能越强，影响能力就越高。反之，领导才能越弱，影响能力越低。

领导者的知识要求相对比较复杂，根据行业、岗位、专业不同，知识结构也有不同，不能一概而论。

通过对领导者知识结构的研究，人们发现"专家中的杂家，专才中的通才"的知识结构是最佳结构。这表示领导者走上领导岗位之后，必须经过先专后博、一通百通的过程。在他成长的早期，对某一专科或专门的业务领域有过较深的研究，以后他逐渐对社会科学、自然科学有了广泛的涉猎，尤其对领导科学和管理科学较为精通，集专与博于一身，基础较为厚实，知识面广，能综合运用各类知识，高瞻远瞩，展得开，推得动，收得拢。只有这样，他才既有别于不懂专业的样样平干部，不至于庸庸碌碌，无所作为；又不同于只有专门知识的专家，知偏不知全，见树不见林，局限于小圈子内，无法统率全局。具有这样的知识结构的领导者，才是开拓新局面的理想领导者，也才能真正具有影响力。

### 16.3.3 维护威信

领导者若树立威信，要特别注意做到慎言和守信这两条。一要慎言。领导者应该慎重对待那些自己不清楚或不理解的问题，切忌"想当然"地、不假思索地进行议论和评价。若被下属发现自己的上级信口开河、言过其实、滥下定论、瞎指挥、随意发号施令，那么，他们将逐步轻视和消极对待领导者的指令和要求。这样，领导者的威信就会日益降低。因此，领导者应牢记"缄默是金"的哲理，对没有十分把握的事情，不要轻率地表态。二要守信。领导者应该取得下属的充分信任。若下属发现自己的上级言而无信、说假话、口是心非、哄骗，或试图操纵下属实现其不可告人的个人目的，那么，领导者将逐步失去下属对自己的信任，并受到下属的抵制和反对。若领导者陷入"信誉危机"，那么，下属将怀疑领导者的一切言行的真实性和权威性。这种丧失影响能力的领导者，将不可能再有效地履行领导职能，获得下属对自己工作的支持。

### 16.3.4 信息灵通

领导者影响能力的施行需要通过合理说服和合理信念的影响方式进行。领导者必须掌握各种能够说服的事实性数据和利害关系，了解下属的感情、态度、需要、动机、价值观和追求的目标，并善于运用准确的信息和可靠的证据，进行富有逻辑性的推论，这样，领导者说服的影响效果就大，否则就相反，因为下属接受合理说服的动机在于认识到某些符合自己需要的切身利益。合理信念是一种习惯性的影响形式。当一个下属因对领导者的知识、经验、才能等方面的依赖而服从领导者时，领导者就以合理信念的形式影响了下属。合理信念是一种领导者不必作任何解释和劝说而影响行为的一种习惯性服从方式，它源于下属对领导者信任和依赖的心理和经验。为此，领导者必须信息灵通，掌握足够的用于说服下属的事实性、技术性和逻辑性的知识和信息，这就要求领导者应具备较强的技术知识和业务水平以及收集信息的能力。

### 16.3.5 自信果断

若领导者一遇到紧急情况就惊慌失措，甚至临阵脱逃，那么，他将迅速失去威信和影响力。有影响力的领导者，即使在自己不能确定解决危机的最好方式和没有必胜的把握时，仍表现出镇定自若，做到临危不惧，处变不惊。在紧要或危急的关头，领导者要表现出高度的自信心，坚定果敢、指挥若定、有条不紊地做好工作。若领导者能够稳定下属的情绪，他们将获得更多的支持和影响能力，并能够顺利地克服困难，解决危机。

### 16.3.6 尊重下属

影响能力是建立在领导者与下属之间的知识和经验差距的基础上的。若领导者在使用权力时不能采用适当的方式，那么，他会很容易损伤下属的自尊心，并可能引起下属的反感和不满，领导者的影响能力也可能逐渐丧失。领导者应学会尊重人，尊重下属的人格、劳动和意见，而不应该傲慢地炫耀自己的学识和经验，无礼地批评和训斥下属，或是把下属当"阿斗"或傻瓜。有效的领导者通常虚心听取下属的各种意见和建议，以表示对他们的尊重。领导者要懂得，即使自己的知识、经验可能比下属多，但熟悉第一线具体工作情况的下属仍然可能为领导者的决策和计划提供一些有价值的信息和建议。若一个领导者能够在决策和计划中反映下属的意见和利益，那么他们将更加尊重领导者，并更加努力地工作。即使下属的建议毫无价值，领导也应耐心听取。置之不理或粗暴打断下属的陈述，会挫伤下属的自尊心，引起他们对领导者的反感和敌意，使领导者与下属之间的关系变得疏远和紧张，从而削弱领导者的影响能力。

### 16.3.7 关心下属

说服和劝导的效果不仅取决于领导者的说服能力，而且取决于说服内容的针对性，即是否针对下属的内在需要和关心的利益进行说服、劝导。一个能言善辩的领导者可能通过大量事实和很强的逻辑推论来折服下属，但由于说服的内容没有触及下属的关心所在，则不能引起下属的共鸣和工作热情。有效的领导者在合理说服的过程中，通过双向传输方式，与下属交换各自的感受和想法。因此，领导者必须时时关心下属，了解他们的内心世界，努力发现他们那些与组织目标冲突的需要，并通过说服、协调、补偿等方式，把下属的积极性引导到共同事业中来。

（1）不要刻意表现自己，要顺其自然

在领导活动过程中，有的领导者为了显示自己，对别人和下属的任何看法和意见都加以否认，这样就会使别人及下属在与其相处时感到压抑，从而产生一种逆反心理，从心底里瞧不起这种领导者。同时这种领导者在进行领导活动时，特别是在决策时，就不可能准确及时地进行。因为这种领导者得不到下属、智囊团的信任和支持，仅仅依靠其自身的知识能力，在现代领导活动中显然是做不出正确决策的。

（2）要坚持专业学习，增强影响能力

现代领导者的影响能力是与专业知识紧密相连的。如果领导者不注重专业知识的学习，那么，就可能出现这样一种情况，即由于下级的知识能力得到了迅速提高，往往超过了上级，上级反倒变成了"实际的下级"。因此，领导者要想提高领导活动的成功率，就需要利用各种有效的条件、有利的时机，提高本领域专业知识水平，这就要求领导者要坚持经常的专业学习，只有如此才能迅速增强领导者的影响能力。

# 十七、处理危机能力修炼

　　任何一个组织的领导者都处于各种危机事件的包围之中，特别是在当前社会不断发展变化、各种矛盾日益突出的环境中，如果处理不当，可能会酿成严重后果。所以，妥善预防和正确处理危机的能力是领导者不可或缺的重要能力之一。

leadership

# 17.1 处理危机能力的体现

领导者在遇到危机的时候，一定要镇定自若，保持头脑冷静，这样才能稳定大局，控制局面，拿出正确的应对措施。反之，若在危机面前胆小怯懦，丧失理智的头脑，那么损失的不仅是事件本身，而且也失去了下属对你的尊重，失去了自身的威信。处理危机能力包括很多方面。主要有危机监测能力、危机预控能力、危机决策能力和危机处理能力四个方面。

### 17.1.1 危机监测能力

这是应用预测技术对未来发生危机的可能性及其危害程度进行估计的本领、能力，是一种对危机的现象、先兆和起因进行严密观察，并对所获信息进行处理和评价的能力，即从组织及其环境中获取有关未来危机的零星分散的信息，经处理后转换为未来危机爆发的可能性和危害性的系统评价。

### 17.1.2 危机决策能力

这是在危机评价的基础上，领导者对是否发现危机警报，是否宣布进入紧急状态进行决策的本领和能力。这是危机处理能力的核心，危机决策的正确与否、危机处理能力的强弱将会对整个领导过程的日常工作与管理活动产生重大的影响。首先，发出危机预报必然打乱正常的工作秩序，紧急动员人力、物力、财力并投入反危机活动中。如果危机没有爆发，那么为此而耗费的人力、物力、财力则是决策失误的代价；其次，如果面临危机而没有发出预报，仍以常态管理方式进行危机预控，那么一旦发生危机，就会措手不及，甚至带来灾难性后果。

### 17.1.3 危机预控能力

这是领导者根据危机监测的结果对可能引发危机的各种因素采取预

防措施，控制危机爆发的本领、能力。它是一种前馈控制全局能力，而不是反馈控制全局能力或现场控制全局能力。有效地预防和控制危机爆发的关键在于建立一套由专职队伍和兼职人员所组成的危机监控系统。但是，领导者也应当采取和实施一些行之有效的方法来加强自身的危机预控能力。比如，可以采取分级管理法，将预控措施按规模大小分成若干类，事先规定各级负责实施的规模，使大量的小措施得以及时、迅速地贯彻执行，领导者就可以集中力量于重要措施的实施，从而提高危机预控活动的效率。

### 17.1.4 危机处理能力

这是领导者在危机爆发阶段和持续阶段为减轻危机的危害而按照危机处理计划对危机直接采取处理措施的本领、能力。为了有效地处理危机所造成的危害，领导者应实施及时的隔离措施，控制和消除危机。在危机发生后，首先应该对有关人员和危机本身实施隔离，阻止危机的蔓延，并找出主要危机，从而控制和消除整个危机。另外，如果危机发生的后果很严重，则应及时采取措施维护组织和领导者形象，并总结经验教训，改进和提高组织与领导者自身危机管理的水平和能力。

## 17.2 处理危机的原则

在对危机事件进行解决与管理时，领导者除必须遵循一套基本程序之外，还必须懂得处理危机的一些原则，这样才能尽快平息危机，消除危机，迅速恢复社会正常秩序。

### 17.2.1 积极主动的原则

一旦危机产生就必然需要处理，不管其性质、类型和起因，都要求领导者应该首先把责任承担起来，马上进行处理，即使起因在受害者一方，也应该首先消除危机事件所造成的直接危害，以积极的态度去赢得时间，以正确措施赢得公众。如果一开始就采取消极、被动的态度，追究责任，多方埋怨，推诿搪塞，不仅浪费了时间，还可能使危机处理无从谈起。

### 17.2.2 如实说明的原则

危机处理要实事求是，如实说明情况，切忌弄虚作假，乱宣传。危机发生后要如实地与公众沟通，并主动地与新闻媒体取得联系，公开说明事实真相，避免小道消息流传，以讹传讹，引起公众的过分恐慌。如实宣传就是要靠事实说话，真实是理解的钥匙，事实胜于雄辩。

### 17.2.3 富有创意的原则

领导工作要求创造性，领导决策更需要创造性，渗透着创造性的危机处理，其结果往往是"旧貌换新颜"，有时甚至还会出现一个出乎人们预料的美好结局。其实，所谓创造性策略就是在设计危机处理方案时，在充分考虑各方面的条件和因素的前提下，因人、因地、因事制宜，从而使社会、公众以及组织能从中受益。

### 17.2.4 情感联络的原则

在危机事件中，公众除了利益抗争外，还存在强烈的心理怨怒。因此，在危机处理中领导者不仅要解决直接的、表面的利益问题，而且要根据人的心理活动特点，采取恰当的心理情谊策略，解决深层的心理、情感关系问题。

情谊联络原则主要是为了弥补、强化组织与公众的情感关系。在一些因生疏而造成的危机事件中，直接利用情谊联络的方式，就可以达到消除危机、增进友谊、发展感情的目的。公众都是有感情的人，公众的情感是在对组织和领导者的评价和情感体验基础上形成的，它具有重要的行为驱动作用，是公众理解和支持领导者及组织的动力源泉之一。

### 17.2.5 超前行动的原则

危机事件往往具有潜伏性的特征，但许多事情还是可以预测的，只是不知道会在什么时间、什么地点爆发罢了。这一策略就是指领导者要通过经常性的调查分析，及早发现引发危机的线索和原因，预测出将要遇到的问题以及事件发生后的基本发展方向和程度，从而制定多种可供选择的应变计划。对一切有显露的问题要积极采取措施，及早做出处理，将危机扼制在萌芽状态。对没有显露的问题也要细心观察，做好防御，以便在问题显露时做出快速反应，努力减少危机造成的损失。

### 17.2.6 注重后效的原则

危机处理要注重后效。这是指既要着眼于当前危机事件本身的处理，又要着眼于组织良好形象的塑造。不能采取头痛医头、脚痛医脚的权宜之计和视野狭窄、鼠目寸光的短期行为，而要从全面的、整体的、未来的、创新的高度进行危机事件的处理。因为危机与机遇并存，因此，危机处理时必须努力取得多重效果和长期效益。

### 17.2.7 勇担责任的原则

危机处理中最重要的原则就是勇担责任，千万不能推卸责任，置公众利益于脑后，那样只会搬起石头砸自己的脚，使危机状态更加严重，甚至出现不可控的结局。

## 17.3 处理危机的方法

危机发生后，领导者必须临危不惧、处险不惊、雷厉风行、快刀斩乱麻、机动灵活、积极稳妥地处理危机，使危机事件不扩大、不升级、不蔓延。通常，从处理危机事件的一般过程来说，领导者应重点掌握以下三种方法。

### 17.3.1. 迅速控制事态

突发事件发生后首先要做的就是防止事态扩大。这既是整个事件处理成败的基础和前提，又是寻找更好的处理方法的重要条件。若要使整个事件得到妥善的解决，首先必须千方百计地控制住事态,使其由热变冷，由大变小，由强变衰。为此，领导者必须因地制宜地采用以下几个控制方法。

（1）心理控制法

任何突发事件，不论其性质、种类如何，都将给群众的心理产生震动和压力，从而在群众中造成思想混乱，引起突发事件的态势不断扩大。他们既不晓得事件的性质及起因，更不知道事件发展的趋势，处在强烈的恐惧、焦躁和冲动之中。处理不好，人们的心理及行为很可能向不利于事件妥善处理的方向发展。因此，稳定群众情绪又成了领导工作的首要任务。

①领导者的行为影响力

心理学认为，人们大都有一种趋同心理，即受他人活动的影响，自己也从事和他人同样的活动。越是在自己心理波动不定、价值选择目标不定的情况下，越易于产生遵从心理。因此，在突发事件发生的现场，领导者要特别注意以"冷"对"热"，以"静"制"动"，沉着镇定，群众有了有力的领导就觉得安全可靠，心理自然会平静下来。

②转移群众的注意力

每次突发事件发生时，群众的注意力往往只集中在一两个问题上，或者集中在个人的财产上，不能顾及全局性的抗灾抢险，或者集中在一些敏感、热点问题上固执己见，争执不下；领导者必须采取有效措施，转移群众的注意力。常用的方法有：其一是说服诱导，寻找双方利益的交汇点，使群众对组织部门的主张产生认同；其二是从群众的角度出发，承认某些可以理解和合理的方面，做出无损于实质的让步或许诺；其三是运用归谬法或引申法，引导群众意识，从而使大多数人恢复理智，站到组织的立场上。

（2）釜底抽薪法

参与突发事件或被卷入突发事件的群众，大都事出有因，情绪激动，一触即发。处理不好，不论哪类事件，都可能出现局势逆转的情况。因此，领导者和在现场工作的人员绝不能火上浇油，激化矛盾。"扬汤止沸"，先行治标，未尝不可；但"扬汤止沸，不如釜底抽薪"，这才是治本之道。

①弱化对方的内聚力。这种办法适用于有组织的社会事件。具体操作方法是：在弄清情况的前提下，掌握对方的目的和行为的破绽，作为分化瓦解对方的依据和突破口。通过强大的宣传和舆论攻势，一方面揭

露事件策划者的目的和不法行为，抓住其言行相悖之处和幕后活动的事实，也指出其行为的实质；另一方面宣传组织的政策，指出事件继续下去的严重后果，向群众和事件的参与者讲清组织的希望，告诫群众要冷静思考，不要人云亦云，要站在真理一边，同各种不良现象做斗争，还要利用群众能接受的形式和权威人士的影响，教育和争取大多数。

②论理缓解气氛。社会性的突发事件，参与者总是想达到一定的目的，因而总是希望同领导机关发生正面接触。领导者要充分掌握参与者的这种心理，通过必要的接触和面谈，缓解紧张气氛，控制事态发展，从中发现事件的起因和性质。在接触和交谈中，领导者既要旗帜鲜明，坚持原则，又要表现出解决问题的诚意；要申明大义，晓之以理，示之以害，揭露少数别有用心者，教育团结大多数群众。

③组织控制法。对社会突发事件的组织控制有两层含义：一是在组织内部和广大群众中迅速进行正面教育，使大多数人有个清醒认识，稳住自己队伍的阵脚，以大局为重，避免危机扩大；二是迅速查清突发事件的头面人物，予以重点控制，使其活动受到阻滞，事态才能不继续扩大升级。

控制事态要快、稳、准，并富有理性。因为事件发展的不同阶段具有不同的质和量，解决事件的难度和损失也是不同的，所以对突发事件的处理越早、越快就越好。

### 17.3.2 准确找到症结

控制事态并限制其发展仅仅是一个开端，重要的是利用控制事态后的有利时机，千方百计地掌握事件的各种情况，并且透过现象看本质，据此制定出解决问题的办法。因此，必须采取一切可能的措施和办法，迅速而准确地找到事件的症结。

（1）收集事实资料

事件的原因和本质，特别是对社会性的突发事件来说，由于其隐藏在各种错综复杂的现象之中，所以隐蔽性较强，一般的人是不能一下就能看得出来的。只有大量地收集事件的各种现象，才能从中分析出事件的原因及实质。因此，领导者必须在超常的情况下进行超常的思维和运作，运用一切可以运用的手段，从而有效地把握大量的现象与事实材料。

①公开调查法

公开调查法是常用的获得材料的主要方法，对各类突发事件都适用。公开调查就是查明事件过程的全部情况；广泛收集和听取事件参与者、目睹者的意见和要求，从中分析事件的性质和原因；想办法与事件的参与者，特别是重要人物正面接触，摸清对方的心理和目的；抓住事件中的薄弱环节和暴露之处进行调查。这样既方便又隐蔽。

②隐蔽调查法

隐蔽调查法一般派素质比较好的工作人员以群众或积极参与者的身份深入到肇事组织的内部，获取真实的情况和材料。这就要求领导者有预防突发事件的充分准备，事发前就必须安排布置好，不能事发后才进行，这时也很难打进去。二是拉出来。事发后，根据掌握的情况，选择那些难争取过来的人为对象，对他们进行各种形式的教育，使其转变态度和立场。三是暗中观察，对于一些必须掌握而又不宜公开行动的情况，可以暗中观察，在不引起对方知道或者知道了不会使矛盾加深的情况下，收集与事件相关的情况和踪迹，当然这种行为必须合法。

③间接调查法

间接调查法介于前两种方法中间，适用性比较宽，可适用于任何调查突发事件的过程中。一般来说，第三者观察和提供的情况，是较为客观和准确的，因为他们与事件没有直接的利害关系，能够客观公正地分析和反映情况。同时，中间力量是斗争双方争夺的焦点，在争取他们的过程中，会从不同侧面、不同程度地表露出他们的目的和主张。因此，这种方法不仅能够通过间接的渠道获取很多有价值的材料，而且还能了解到中间力量的思想倾向和活动情况，为我们做出决策提供可靠依据。

（2）确定事件的性质

这是处理危机事件的重要基础和依据，是处理整个事件的关键性工作，必须下大功夫。首先，决策者要组织有关人员全面地认识事件的各种现象，不论正面还是反面，直接的还是间接的，都要全面掌握，全面认识。其次，在全面掌握和认识事件各种现象的基础上，认真分析和认识各种现象间和现象背后的因果关系。通过这个过程，去伪存真，去粗取精，由此及彼，由表及里，透过各种现象，把握事件的本质。再次，在把握各种联系和关键的基础上，通过认真的比较和筛选，认准制约整个事件的根本矛盾，找到整个事件的"总闸门"，确认事件的性质。找到矛盾产生的核心原因，就可以对症下药了。

（3）制定总体措施

在弄清楚事件经过和确定事件性质后，最重要的是要做出处理事件的总体方案。提出决策方案，应注意三个问题：一是必须具有针对性和可行性。突发事件的处理，对领导者的素质和能力的要求特别高，不允许决策再出现失误和漏洞，也不允许在执行过程中软弱无力。二是在抓主要矛盾的同时，注意总体配合，综合治理，不能头痛医头，脚痛医脚，此抑彼起，零敲碎打。三是要进行多种方案选择，做多种准备，不能简单从事。

### 17.3.3 果断解决问题

实施决策方案，采取具体措施处理事件，是战役的决战阶段。领导者应该精心组织，周密安排，坚决果断地指挥运筹，从根本上全面解决好危机。在这个阶段的操作指挥，应注意以下几个问题。

（1）周密组织

组织指挥关系着整个战役的协调运作和效果的显现。组织指挥失利，不但不能很理想地解决问题，而且容易引起新的事端，决不能掉以轻心。

①领导班子的思想要高度统一，同心协力，一致对付突发事件。领导者首先要协调好领导班子的思想认识，保持高度统一，使领导班子成为坚强有力的战斗指挥部。

②要层层落实责任，人人承担责任，各司其职，各负其责。既要都行动起来，认真负责地工作，防止漏岗漏项，又必须协调统一，不打乱仗。每个层次、岗位和人员的责任，都必须全部承担起来，坚决完成任务，不许有渎职和失误发生。

③领导者一定要总揽全局，头脑清醒，坚定有力，既不因局部的优

势和胜利而忘乎所以，也不因局部的失利而焦躁冲动。要稳住阵脚，指挥若定，调动一切积极因素，形成一种必胜的气势，以取得决战的胜利。同时，正职领导还要善于审时度势，及时根据变化的客观情况，改变或采取相应的措施，或更换新的作战方案，以保证整个战局大获全胜。

（2）抓住关键

抓关键和抓主要矛盾是处理问题的根本。抓住关键，处理危机和紧急事件就有了主动权和获得全胜的要件。因此，领导者指挥处理事件的关键，必须抓住主要矛盾和关键部位。首先，对于关键问题的解决，必须事先周密研究实施方案，集中优势力量去攻克难关。其次，对于社会政治性事件，首先必须全力解决，控制其首要人物。自然灾害类事件，要抓住薄弱环节和关键部位，保护重要资财。最后，找准突破口。抓关键环节，有时需从关键部位入手，单刀直入；有时则要从其他部位入手，迂回作战。突破口找得准，首要问题解决了，便可向纵深发展，获得更大成果。

（3）圆满善后

善后工作也是处理危机事件的重要组成部分。善后工作做好了，才能说事件圆满地解决了。否则，不仅使一些问题久拖不决，而且可能会再度发生新的危机。处理善后工作，最主要的是要做到以下三件事：

①认真找出工作中的缺点，并从根本上采取措施认真改进。由于条件不具备而一时难以改进的，一方面应向群众说清楚，另一方面要制定出切实可行的改进计划，公布于众，在各方监督下逐渐实施。

②深入群众做好思想工作，既要团结、稳定大多数，又要切实解决实际问题，调动群众的积极性。

③总结突发事件的教训，堵塞漏洞，查找原因，教育干部群众提高认识，分清是非，努力消除不安定因素，从而使以后不再犯同类错误。

# 17.4 怎样培养危机处理能力

"临事应变，因而能通，智者之虑也。"身居第一线的领导者，经常会遇到各种各样的突发性事件，需要迅速做出判断，果断加以处置。

这是领导实践中难以回避的重要的课题，也是检验领导者能力水平高低的一个主要标志。常见的危机突发事件，可以分为三大类：

①意外灾害，像山洪、地震、瓦斯爆炸、火灾、水灾、瘟疫等。

②重大事故，如撞车、翻船、飞机失事、建筑物倒塌等。

③聚众闹事，包括集体罢工上访、静坐请愿、示威游行，甚至被别有用心的人所利用而演变为危害社会的动乱。面对突发性事件，领导者如果当断不断，或者处置失当，不仅会失去解决问题的最佳时机，而且会增加解决问题的难度，使局势变得更为复杂，甚至发展到无法收拾的地步。因此，领导者必须高度重视危机处理问题，在实践中锻炼并提高处理危机事件的能力。

### 17.4.1. 抓住实质，准备充分

领导者要研究和把握危机事件的基本特征，保持充分的思想准备和心理准备。危机事件尽管表现形态各异，但其基本特征还是比较明显的：

①突如其来，而且来势比较迅猛。

②情况复杂多变，局面不易控制。

③具有一定的无序性和紧迫性，往往需要采取特殊的非程序化的办法及时予以处置。

特别是群体事件，由于聚集在一起的人们指向单一，情境相近，在相互感染中极易冲动，一哄而起，甚至导致违反社会规范的攻击性和破坏性行为。这种情况下的应急处理，对领导者的思想修养和心理素质提出了更高的要求。只有平时保持充分的思想和心理准备，凡事不忘防患于未然，才能避免临阵惊慌，措手不及。如5·19球迷闹事时，由于组织者事先没有任何准备，唯一的预案是防止中国队赢球后狂欢时出现混乱，根本没有想到面临的会是因中国队意外输掉这场关键性比赛而造成球迷狂怒的浪潮，所以出现骚乱后显得手忙脚乱，情急之下又采用了简单的硬性措施，结果更加激化矛盾，终于酿成一场建国以来罕见的恶性事件。

### 17.4.2 打破常规，迅速指挥

要打破处理程序和工作层次，迅速直赴现场直接进行组织指挥。有些领导者在遇到危机性事件时按常规办事，遵循通常的工作程序，按部就班地进行处理，结果坐失良机，以致事态扩大，灾祸蔓延，造成不可挽回的损失，留下了极为惨痛的教训。在应急处理这一特定的情境之下，领导者可以而且应当超越层次，亲临第一线直接指挥。这样不仅可以直接了解现场情况，及时做出处理，而且便于迅速组织足够的有效力量实施决策。由于危机处理的风险性较大，领导者亲临现场还有利于及时修正处理过程中的偏差。

### 17.4.3 讲求方法，减少损失

领导者要讲究危机处理方法，力求最大限度地减少损失或负面影响。对于突发性事件，既不能掉以轻心，也不能贸然行事，其关键是要处理好三个关系。

（1）治标与治本的关系

一般说来，危机处理多为治标之举，着眼点往往放在防止局面的恶化上，需要集中精力解决当务之急，而且宜粗不宜细。但在事态趋于平息之后，则应求因溯源，深刻反思经验教训，有针对性地在治本上下功夫，以免重蹈覆辙。

（2）眼前利益与长远利益的关系

在通常情况下，领导者应坚持眼前利益与长远利益的统一，但应急处理有时不得不采取一些权宜之计，这就有可能以影响甚至牺牲某些长远利益为代价。这看起来是一种妥协甚至退让，其实从整个发展过程看，倒可能有利于长远利益的实现，只不过是采取一种曲折的形式罢了。另一方面，领导者也要防止一味迁就眼前的事变，就事论事，不讲原则，无限制地损害长远利益，更不能只顾眼前平息快，不顾长远留后患。

（3）思想教育与强制措施的关系

面对有些闹事行为，如发生罢工、集体上访、静坐示威等事件时，领导者要相信群众，依靠群众，主动深入到群众中去，摆事实、讲道理，

做好疏导和规劝工作。当群众要求主要领导接待时，领导者不应躲闪回避，要敢于挺身而出。接待群众时，领导者要站在公正立场，礼貌周全，机智灵活，力戒言行失当和简单粗暴，以免让人抓往口实，激化矛盾；要积极做好宣传工作，善于发挥舆论的导向作用，抓住群众的心理脉搏，有的放矢，对症下药，尽力平息群众的怨愤情绪，尽快缓解或解决矛盾。同时，要坚决孤立和打击个别挑起事端的顽固分子，惩治少数别有用心的违法分子，进行有理、有利、有节的斗争，坚持真理，维护团结，确保稳定，必要时对事态做出断然处置，力求使问题尚处于萌芽状态时便得到良好的解决。

# 十八、 控制全局能力修炼

　　对全局的控制既是一种领导行为，又是一种领导艺术。领导者控制全局的能力直接关系着领导活动的成败。领导者必须掌握控制全局的原则和程序，以及应采取的方式和手段等，从而保证整个组织链条的运转时时掌控在自己手中。

leadership

# 18.1 控制全局的原则

美国著名的管理专家巴达维曾说："没有控制，领导者就无法管理，组织就不起作用，组织的日常工作如果不通过有效的控制，使它在轨道上正常运转，最好的计划和决策都会落空。"可见，控制的实施对领导者来说是一项重要工作。领导者若想使工作卓有成效，就必须有效地控制全局，并努力遵循以下原则。

### 18.1.1 自我控制原则

领导控制主要是对下属及其活动的控制。而下属作为人来讲，是有思维、有意识的高级动物，他们的活动是有目的的活动。他们的需要产生动机，动机又支配其行为。因此，下属的需要、动机、行为与目的之间存在着内在的联系。领导者在对下属实施控制时，所制定的目标必须考虑下属个人或集体的利益、愿望和需要，考虑到被控制对象行为的目的。注意到这一点，下属就乐于接受领导，把领导意图变为自己行为的目标，自我约束，使领导控制取得良好的效果。下属所具有的自我约束的特性，决定了领导控制必须遵循自我控制原理。如果不注意下属自我控制的能动性，就不能顺利地实现领导控制。

### 18.1.2 逐层逐级原则

领导者总是对一定范围、一定层次的人们实施领导。与这种领导层次相对应，各层次具有各不相同的职责、权力和任务。高层次的领导者需要负责目标的控制，这就形成了领导控制职能的层次性。这种层次性决定了领导必须遵循控制的层级原则，即领导者承担的控制职能要与自己的地位层级相适应，而不能越级控制。如果高层次的领导者跨层次直接从事低层级的领导工作，或者低层次的领导者去完成高层级的领导工作，必然会导致领导工作的混乱。

### 18.1.3 系统封闭原则

领导活动具有系统性。所谓领导活动的系统性，是指领导决策、计划、组织、控制之间的相互联系、相互制约而形成一个完整的系统。领导控制总是针对该系统的决策目标进行的。根据决策目标，领导者制订出实施计划，并采取措施完善计划，纠正偏差。领导控制系统的各项工作必须前后衔接，首尾相连，环环相扣，形成回路。这就是领导控制的封闭原则。领导者只有遵循控制的封闭原则，才能提高控制的效能。因此，在领导和计划正确的情况下，执行机构必须准确无误地贯彻决策机构的指令。没有准确的执行，就不可能有正确的输出或符合目标的结果。而为了保证指令的准确执行，还必须设立反馈机构，进行检查、监督。如仅有单向的输出，就不会知道决策及其执行是否正确。领导者只有及时地将执行情况加以反馈，才能为新的决策提供必要的依据。

领导者控制全局的封闭原则，要求领导者在进行控制的过程中，从制度、法规的制订、执行到机构人员的安排，必须形成一个回路，以掌握全过程的各个环节的情况。如法律，既要有法可依，有法必依，又要违法必究；既要尽可能完整的执行法规，又要有对实际执法的监督和反馈。法不系统严密等于无法。如果有法不依、执法不严，甚至违法不究，那么，再好的法律也是一纸空文。只有使各种法律形成系统网络，才能疏而不漏。

### 18.1.4 动态原则

领导控制主要是在组织实施目标计划的过程中进行的，因此具有明显的动态性，领导控制的动态性，决定了领导者必须遵循弹性控制原则，这是因为，从领导控制的对象来看，总是受自然的、社会的、政治的、经济的种种因素制约，处于不断变化之中。这就使领导目标不可能与不断变化的实际情况完全一致。在计划已经发生变动或在计划编制不周密，甚至完全错误的情况下，为使控制工作仍然正确地发挥作用，就必须贯彻弹性原则——允许控制措施具有灵活性。因此，决不能把控制死板地同所有计划联系在一起，以免在整个计划失误或发生突然变故时，控制也随之失效。当然，这种灵活控制应当用于计划失常的情况下，而不是应用于计划正确、人们的工作失误所造成的偏离目标的情况。

# 18.2 控制全局的手段

领导控制是领导者约束下属的言论和行动、克服领导工作过程中各种矛盾的过程。实施领导控制，培养领导控制全局能力除了按照科学的控制程序，遵循正确的控制原则，选择适宜的控制方式外，还必须采取正确的控制手段。

### 18.2.1. 行政手段

这是指依靠行政命令、指示、规定、条例等，按照行政方式来管理下属工作的一种控制手段。所谓行政，是指"行使政治权威"。它包括职位、权力、威望等内容。领导者的行政权威高低，决定着行政手段作用的大小和领导控制全局能力的强弱。一般说来，行政权威越高，行政手段的作用就越大，控制全局能力就越强。

行政手段具有两个特点：一是强制性。上级领导有权干预下级的行为。领导者的指令必须执行，否则，就会受到处分或制裁。二是直接性。行政手段可以直接影响被领导者的意志，左右被领导者的行为，这要求下级在行动上相一致。在一般情况下，领导者下达的指令只含有一个硬性行动方案，不是同时提出几个方案，因而被领导者只有接受而没有选择余地。

### 18.2.2 法律手段

这是指通过制定、颁布并强制实施的各种法律、法令、法规、条例等来控制人们行为的一种控制手段，保证社会政治、经济、文化活动的正常进行。法律手段具有四个明显的特点：一是具有强制性。法律规范是由国家权力机关和司法机构强制实施的。它与行政手段的强制性相比程度更高一些。任何组织和个人都不允许对法律、法规的执行进行阻挠和抵抗，否则，就要受到国家强制力的惩处。二是具有预防性。法律手段具有的强制性，使其有更大的威慑力量。法律手段的主要目的是使人自觉遵循法纪，起到控制人们行为的预防作用，防止违法行为的出现。三是具有普遍性。法律手段相对于其他手段来说，适用的范围更广泛。各部门、各行业、各地区及每个公民都必须毫无例外地遵守，而不允许违犯。四是具有稳定性。各项法律、法规的制订与强制执行都有严格的程序，不允许随便更改和因人而异，这就使法律手段具有长期的稳定性。

### 18.2.3 经济手段

这是指依据客观经济规律，把人们的行为与其经济利益联系起来，通过增减人们的物质利益来调节人们行为的一种控制手段。其中经济杠杆是经济手段借以实现的主要依据。经济手段有三个特点：一是平等性。它承认各个组织、单位和个人获得自己经济利益上的平等地位和权利。社会以价值尺度进行核算和分配，如签订合同，以双方具有平等的地位和负有各自的责任为前提。二是有偿性。各个单位之间的经济往来以等价交换为基础，互相核算，互相补偿。三是间接性，经济手段是通过调节人们的利益来改变人们的行为的，而不直接干预或控制各单位和个人的行动，人们究竟采取什么行动，完全是根据其经济利益所决定。它对于调动每个单位和个人的积极性具有明显的效果。

### 18.2.4 精神手段

这是指通过运用理想、信仰、宗教、道德、科学文化知识等精神力量来影响和改变人们的精神面貌和思想情绪，从而稳定、强化或调整人们行为的控制手段。精神手段的运用，包括认识和运用社会心理规律影响、改变和适应人们的心理需要，以达到控制人们行为、实现领导目标的目的。精神手段与行政手段、法律手段不同，它具有自控性和非强制性的特点；与经济手段也不同，它具有工作持久，生效缓慢，但一经生效，又具有比较稳定持久的特点。

领导控制手段的选择，反映着领导者的领导水平，关系着领导目标的实现程度。领导者正确地选择控制手段，需要了解领导控制手段系统的结构类型。根据各种控制手段和使用中的不同地位，可以把控制手段系统结构分为两种类型，一是四种控制手段并重使用的"并重型"，二是四种控制手段有主次之分的"主辅型"。如何正确地选择控制手段，对于一个领导者来说，既是一门学问，也是一门艺术。

# 18.3 控制全局的方式

实现有效的控制，通常有五种基本的控制方式：权力控制、引导控制、监督控制、威胁控制、自我控制。

## 18.3.1. 权力控制

这是领导者运用自己的权力性影响力实施直接指挥，带有指示和命令性质的控制。权力控制表现在领导行为上，带有极强的专制性质，拉大了领导者和下属之间的心理距离，工作没有回旋、创造、发挥的余地。这种控制从宏观上讲，可以使领导者在短暂的时间内控制局势，形成制度，避免不应有的损失。但权力控制以一个群体或一项活动来说，又容易造成极大的偏差，走向极端。任何领导者在运用权力控制之前，应审时度势，权衡利弊，切莫轻易为之。

合理利用权力控制的方法主要注意以下几方面。

（1）增强感召力

领导者要增强群体观念和群体间的民主意识，善于制造亲切融洽的领导者和群体间的关系，不擅自扩大、追求、滥用自己的特权，做到说话有人听，做事有人响应。

（2）加强自我修养

随着现代科学的进步、时代的发展、人们素质的普遍提高，群体对领导者的品格、才能、知识等要求也日益提高，所以领导者要努力加强自身的修养，在运用权力控制时仍要以个人的品格、才能、知识和感情为重。

（3）保持谨慎态度

强制性地实行权力控制，下属能得到暂时的屈服、顺从，被动地接受指令，但下属对领导者的敬佩感没了，日后的工作就会出现许多不利因素。所以在行使这种权力性影响力时，要保持谨慎的态度。

### 18.3.2 引导控制

这是在工作过程中采取引诱和疏导的办法实施有效控制的一种方式。领导者和下属在一种动态的协调过程中发生关系，心理距离缩短，带有启发和开导性质。群体的工作失误或偏差，领导者不采取直接求全责备的管理方法，而是采取帮助、指导、培训、实践的手段进行循序渐进的协调控制。

引导控制可以调动个体或群体在目标实现过程中的积极性，形成正向控制。宽容型的领导者往往较多地运用此法实施对人际关系、工作程序的控制。

实行引导控制至少有两种条件：第一，领导者处事要民主。领导者和下属之间的关系氛围也应该宽松；第二，下属所担任的工作受过专门训练，有一定的工作基础，但工作还不够熟练，或任务完成过程中出现了意外情况等。

引导控制的特点比其他控制的节奏要慢得多，所以领导者还应具有相当好的心理素质。

### 18.3.3 督察控制

这是领导者采取确立标准，搜集信息，借助制度、措施，实行决策、监察，督促计划顺利实施的控制。督察控制属于强制性的控制，也是一种比较广泛的控制形式，其目的在于发现和纠正目标实现过程中的偏差失误，保证目标任务的实现。在管理中，控制的过程性决定了督察控制的经常性。因此，实施督察控制要经常地进行。在控制过程中，领导者与个体或群体不直接发生人际关系，对立情绪少，约束力强。

督察控制一般有以下几种形式：领导者对被领导者的上下级监督；领导者依靠组织机构实施监督；相同的组织机构间规章制度的监督等。方法为审核工作计划、制定工作手册、视察和评审工作等。

### 18.3.4 威胁控制

这是指领导者对个体或群体中的消极因素采取强制性的惩罚，带有威慑作用的控制。威胁控制带有强大的强制性和惩罚性。它是负向的控制模式。威胁控制应有一定的权力基础和心理基础，受环境和对象的制约。同时，还要采取必要的时间控制进行限制，是很少或不常用的控制形式。威胁控制之前，领导者要对威胁对象进行必要的分析、研究，抓住其性格和心理方面的弱点，找到控制就范的突破点，施加压力，使其服从，而且对控制的过程，领导者应进行适当的把握，应视其情节轻重，态度好坏，采取相应的制服和同化手段。威胁控制要注意的环节有：不能以事就事对对象进行威胁，它只是解决消极因素的一种策略和手段，而不同于惩治敌对因素的办法，要有一定的心理分析和把握，切莫随意用之，要预测威胁的后果是否有反作用。

### 18.3.5 自我控制

现代领导者不光要有很强的管理能力，而且也要有适度的自我调控能力。自我调控是控制全局能力的高级形式，也称内控制。它指领导者经过对目标的再认识，自觉地运用各种社会规范和社会准则来控制自己的情绪，支配自己的行为的过程，自我控制有两个特性：一是自觉性。领导者要自觉地遵纪守法，严于律己，在群体中发挥模范作用，同时利用自己的言行来约束、引导个体或群体的自我意识，促进他们的工作进程和服务质量。二是坚定性。领导者要有效地控制自己的情绪，克服种种困难，抑制来自外界的各种消极情绪对自己的影响，防止冲动行为。自我控制全局能力的大小与领导者的个性心理机制有关，也与其思想觉悟、道德修养有关，性格越坚强，觉悟越高，涵养越深，其自我控制全局能力就越强。任何外在的控制力量，如社会道德规范的约束力，只有转化为自我控制，才能更好地发挥控制作用。自我控制的目的是约束自己，用规范的方式来严肃领导者与被领导者之间的纪律，增强群体间人和人的平等竞争意识，调动被领导者的积极性，激励他们去努力完成组织的目标任务。

自我调控要注意两种控制技巧和倾向：一是怒不变容；二是喜不变色。这是现代领导者必须具备的涵养和心理素质。

（1）怒不变容

发怒是人们常见的对立行为方式，一般有三个方面的原因：一是事不如意，事与愿违时情绪不满而怒；二是公私矛盾触及私利时情绪冲动而怒；三是由于自尊好强过甚，为人处世或追求目标失败，有损于体面，情绪激昂而怒。易怒者的共同特点是虚荣好胜，性情固执，自控能力差。领导者要做到怒不变容。首先，领导者要控制好自己的情绪，不要他怒我亦怒。要给对方降温减压，使其息怒，帮助对方情绪恢复平静，善意地良言相劝，使其息怒消气，从而缓解自己情绪的高涨，怒不变容。其次，要据事论理，忠言相告。许多人发怒时，凭借自己的心理和激愤情绪待人，当怒气旺盛时，出言不逊，咄咄逼人，伤人要害，造成领导者的难堪局面。如果遇到这种情景，领导者更不应该怒火中烧，以牙还牙，而要视其情节，抓住关键，晓之以理，引导事态朝有利的方向发展。

（2）喜不变色

这是领导自我控制的另一形式。当领导者的活动倾向处于优势的时候，切莫被暂时的胜利冲昏头脑。领导者要喜而有度，掌握分寸，时刻保持一种平静的心境，做到喜中有忧，心中有数。遇到大家称道的事，领导者首先要想到群体，不能先声夺人，夜郎自大。如有功劳，更应该把功劳归于群体，这样，群体才会拥戴、信任领导者，服从领导者的指挥、调配，出色地为群体的共同事业服务。

# 18.4 控制全局能力的培养

随着现代社会的社会化程度日益提高，组织间的联系日益密切，新事物、新问题层出不穷，一个组织要想在瞬息万变的条件下站稳脚跟，领导者必须善于控制，并且不断地提高控制全局的能力和水平。

### 18.4.1 在一定目标下实施控制

控制作为特殊的实践活动，总是在一定的目的指导下进行的，这就是人们常说的控制的目的性特征。这种目的贯穿于控制过程的始末。控制的目的既是控制活动的出发点，又是控制活动的归宿。因此，有效控制要建立控制目标。

控制目标是决策目标的具体化，是一种较为具体的衡量标准。一项控制是否有效，要看它所提供的资料是否清晰详尽，是否说明在特定的时间应该达到的进度。依据资料，领导者可以确定基本的工作单位，把工作分成若干部分。有种意见认为，公务机构的事务无法计量，所以不适于制定标准进行控制。其实不然，任何工作都是可分解、可预测和可控制的。

一般情况下，一个组织中的工作有三大类。第一类是工作有着严格的标准化，易于衡量。第二类是工作有相当的重复性和可衡量性，又并非绝对可靠，可以用统计的方式计算出一定时期的相对准确的标准。第三类是变化莫测的工作随时产生新问题。这类工作是最难制定标准的，但这类工作可以通过收集变化的资料，如工作类别、主题事物和处理方法等，分析工作负荷量的变化，统计并处理一个单位内或数个单位内的工作量，加以标准化。当然，领导者在具体工作中应该抓住主要的，而不是说各项工作的每一个细节都要标准化。在确定了这些控制制度（即各种衡量标准）之后，领导者应让有关人员加以讨论和批评，以便做出修改，同时使大家在理智上接受它，了解它。这是提高组织成员工作的积极性、保证控制有效的重要环节。

### 18.4.2 随时掌握工作进展情况

领导者不能及时掌握实际工作进展情况及其发生偏差的信息，也就无法进行有效控制。为此，领导者要进行必要的检查和评估，通过对工作的实际情况及其结果的质和量进行评价，获取一定的信息，与既定目标作比较，从中发现问题。

当然，在大规模的组织活动中，领导者不一定每次亲自获取实际工作进展情况的信息，可由相应的职能部门来负责。但是，领导者必须保持清醒的头脑，一旦对下属的实际工作情况失控，领导者的感受灵敏度失灵，就会出现问题。这时候再去惩处那些不尽职责者，虽有作用，可损失就大了。

### 18.4.3 调动和发挥主观能动性

调动和发挥人的积极性和主观能动性是控制活动的一个关键问题。领导者要千方百计调动下属的积极性，使下属感到"我愿意这么干"，而不是"你要我这么干"，这样的控制就是较高水平的艺术了。控制和考核、评价下属的工作实绩紧密相关，但却有赖于实际工作的进行情况及偏差信息的反馈。领导者可以根据情况，采用不同的方法，通过被测量者本人、被测量者的直接领导人、中级领导人、参谋及人事部门、高层领导人等进行反馈。

### 18.4.4 清除影响控制的障碍

领导者和下属之间本身就是一对矛盾，潜藏着产生各种障碍的因素。阻碍太多或有障碍不除，都会给控制总体工作带来不同程度的影响。领导者经常会感到下属对控制的反抗行为，这些反抗行为可能是多方面因素造成的，既有领导者方面的因素，也有下属方面的因素；既有主观因素，也有客观因素。这些因素在一定条件下会形成各种不同的障碍，干扰控制工作。领导者要有效控制，就必须清除这些障碍。领导控制过程中的障碍主要有以下几种。

（1）目标不正确

这是有效控制的最大障碍。因为控制目标是控制的依据，如果目标失误，就会"失之毫厘，谬之千里"。因此，领导者在实施控制过程中一方面要认真确定目标，另一方面要不断考核目标，发现问题，立即纠正。

（2）标准不恰当

在控制目标的基础上，确定的控制标准必须恰当准确，否则，就会影响有效控制。如果该控制的不控制，该定质的标准定了量，标准或高或低，就难以保证控制目标的实现。

（3）控制不合理

在控制标准被确定的同时，控制的规章制度也相伴而生。作为行为规范的规章制度，要宽严适度，既要适宜合理，又易于成员接受。松软的制度会带来散漫的行为；过度的控制又会引起反抗，损伤组织成员的积极性。

（4）执行不坚决

有些下属视上级命令为儿戏，我行我素，或者情绪消极，或者工作对抗。这种现象多是情感因素造成的背离行为所致，是一种不忠诚组织的做法。对此种障碍应采取必要的措施或批评教育，以制度约束，甚至组织撤换。领导者对此种情况不能手软，手软就等于放弃了原则，失去了控制权。

（5）领导者自身素质

领导者自身素质包括文化水平、道德修养、领导能力等，这些现象反映了领导者自身的素质状况，是控制过程中产生各种障碍的根源。领导者自身的障碍多，控制中必然不能公平、正派。因此，提高领导者的控制全局能力，最根本的在于提高领导者的素质修养。数十年来，IBM研究员实现了一个又一个技术上的突破，获得了一项又一项的专利。如果一个研究员的创新成果得不到本部门的支持，他可以跨部门寻求用武之地。大多数公司都愿以重金聘请IBM的研究员，但是真正为了钱而辞职的人绝无仅有，因为IBM研究员在公司备受尊重，行动自由，研究项目的资金充足。如IBM的个人型电脑部就是一个成功的例子。1980年，由电脑专家菲利普·艾斯特里奇为首的特别工作小组组成了一个由总部提供2000万美元的风险资本而不受总部领导的独立性风险企业。该内部企业仅用9个月的时间就研制出一种使得整个行业大为改观的新型的个人型电脑，很快便占领了10%的市场份额。究其成功的原因，乃是研究人员享有充分的自由。

由此可见，创造不是一个神秘的过程，它是可以控制的。创造性才能的发挥受到各种人为环境因素的影响，在这个意义上，创造是可以营造的，是可以控制的。当今企业界流行这样一句话："老板的胸襟有多大，企业便有多大。"由此类推，领导者的胸襟有多大，给他人营造的思维空间便有多大，团队的绩效也就有多大。